Devocionario en Honor del Patriarca San José

R. P. Francisco de P. Garzón

Letra Grande

LA ATENAS
DE AMÉRICA

Devocionario en honor del Patriarca San José. Letra grande
R. P. Francisco de P. Garzón
Digitalización de la 9ª edición de 1934: Benito Valuy
ISBN: 9798650454182
La Atenas de América
2020
Edición para AMAZON: Jesús Arroyo Cruz
publicahoy05@gmail.com

ÍNDICE

EJERCICIO PARA OÍR LA SANTA MISA EN HONOR DEL PATRIARCA SAN JOSÉ   9

ORACIONES EN HONOR DE LOS SIETE DOLORES Y LOS SIETE GOZOS DE SAN JOSÉ, QUE DEBEN REZARSE PARA GANAR LAS INDULGENCIAS DE LOS SIETE DOMINGOS   20

INDULGENCIAS CONCEDIDAS A LA DEVOCIÓN DE LOS SIETE DOMINGOS DE SAN JOSÉ   24

TRIDUO EN OBSEQUIO DEL GLORIOSO PATRIARCA SAN JOSÉ   26

NOVENA AL GLORIOSO PATRIARCA   32

GOZOS EN HONOR DEL GLORIOSO PATRIARCA SAN JOSÉ   39

MES DE SAN JOSÉ   47

         ORACIONES DIVERSAS   67

ORACIÓN PARA LA CONSAGRACIÓN DE LAS FAMILIAS CRISTIANAS A LA SAGRADA FAMILIA   67

ORACIÓN QUE SE DEBE REZAR DIARIAMENTE ANTE LA IMAGEN DE LA SAGRADA FAMILIA   67

ORACIÓN A SAN JOSÉ POR LA IGLESIA   68

ORACIÓN PARA PEDIR A SAN JOSÉ SU AMOR Y EL DE JESÚS Y MARÍA   69

ORACIÓN PIDIENDO A SAN JOSÉ SU PATROCINIO   70

ORACIÓN PARA ALCANZAR LA PAZ INTERIOR   71

ORACIÓN PARA OBTENER EL RECOGIMIENTO INTERIOR ... 71

ORACIÓN PARA ALCANZAR LA POBREZA DEL ESPÍRITU ... 71

ORACIÓN PARA OBTENER LA VIRTUD DE LA PUREZA ... 72

ORACIÓN PARA ALCANZAR UNA BUENA MUERTE ... 72

ORACIÓN PARA PONER BAJO LA PROTECCIÓN DE SAN JOSÉ LA INOCENCIA DE LOS NIÑOS ... 73

ORACIÓN A SAN JOSÉ, PROTECTOR DE LOS AFLIGIDOS ... 73

ORACIÓN PARA PEDIR CONSUELO EN UNA AFLICCIÓN O ENFERMEDAD ... 74

ORACIÓN POR LA CONVERSIÓN DE UN PECADOR ... 74

ORACIÓN PARA PONER A UN HIJO BAJO LA PROTECCIÓN DE SAN JOSÉ ... 75

ORACIÓN PARA PEDIR PACIENCIA EN ALGUNA TRIBULACIÓN ... 76

ORACIÓN EN FAVOR DE UN MORIBUNDO ... 76

ORACIÓN POR UN ALMA DEL PURGATORIO ... 77

ORACIÓN PARA PEDIR EL ALIMENTO NECESARIO A UNA FAMILIA ... 78

MEDITACIONES SOBRE LAS EXCELENCIAS DE SAN JOSÉ ... 80

Devocionario en Honor del Patriarca San José

R. P. Francisco de P. Garzón

Letra Grande

EJERCICIO PARA OÍR LA SANTA MISA
EN HONOR DEL PATRIARCA SAN JOSÉ

Al empezar la Misa

Mírame postrado, glorioso Patriarca San José, ante el altar de mi Dios para asistir al más augusto de los actos de la vida, esto es, al santo sacrificio de la Misa, que no es más que la renovación, si bien sin derramamiento de sangre, del sacrificio consumado en el Calvario. Conozco que estos son los momentos en que debo estar en la presencia de la Divina Majestad con todo el recogimiento y la humildad de que soy capaz. Por esto invoco vuestra protección, para que vos me prestéis algo de aquellas sublimes virtudes que os hicieron digno de gozar de la compañía de Jesús y de vuestra Esposa inmaculada.

Sobre todo, infundid en mi alma la más profunda reverencia y el más sincero dolor de mis pecados: la reverencia para que hasta en lo exterior manifieste lo convencido que me hallo de que durante la santa Misa estoy asistiendo al gran sacrificio que se ofrece en favor de los vivo s y de los difuntos; y el dolor de mis pecados, para que, con el sentimiento de haber ofendido a Dios, me prepare para participar de los méritos que de este santo sacrificio manan como de una inagotable fuente de gracias.

Confieso que soy pecador, oh Santo mío, y que mis culpas son muchas y grandes; pero también sé que las bondades divinas son inmensas, que María, vuestra virginal Esposa, es todo amor y ternura, y que Vo s os complacéis en favorecer a los que os invocan de corazón. Venid, pues, en mi ayuda, poderoso Protector mío, y venid con vuestra purísima Esposa, para que, acompañado de vosotros, sea digno de estar en la presencia de Jesús.

A los «Kyries»

Padre Eterno, tened piedad de mí.

Cristo, Hijo de Dios vivo, salvad al que habéis redimido. Espíritu Santo, inflamadme en el amor divino. Jesús, María, José, Trinidad de la Tierra, compadeceos de este pobre pecador.

Al «Gloria in excelsis»

De qué celestial alegría fue colmado vuestro corazón ¡oh bienaventurado San José! cuando oísteis a los coros angélicos cantar en el Nacimiento de vuestro Hijo adoptivo: "¡Gloria a Dios en las alturas, y en la Tierra paz a los hombres de buena voluntad!" Yo me uno, pues, a los celestiales espíritus, y lleno de alborozo y amor, repito: Gloria a Dios le den los Santos en el Cielo; Gloria a Dios le rindan los hombres en la Tierra; gloria le tributen todos los seres que ha sacado de la nada. Paz a los hombres de buena voluntad; paz consigo mismos, gozando de la tranquilidad de una conciencia pura, y paz con sus semejantes, viviendo todos como hermanos de Jesucristo.

A las oraciones y Epístola

Uniendo mi intención con la del sacerdote, ruego en primer lugar, glorioso San José, para que este sacrificio ofrecido a la Majestad Divina sea presentado por vuestra inmaculada Esposa, Madre de Dios y Madre mía, y ceda también en honor del Santo cuya memoria celebra hoy la Iglesia. Ruego después para que me alcancéis aquellas virtudes en que se distinguieron esos santos héroes de nuestra sacrosanta Religión, que veneramos sobre los altares. Vos, que entre ellos ocupáis un lugar de preferencia, sed principalmente el modelo que procure imitar; hacedme a este fin siempre dócil y obediente a los consejos y a la doctrina de los sagrados libros que sirven de texto a la Epístola, para que, cumpliendo con exactitud la que se encierra en su enseñanza, alimente mi entendimiento con pensamientos santos y celestiales, y mi corazón con afectos puros y aspiraciones a lo sobrenatural y eterno. Sean mis acciones conformes a las verdades que consigna la Sagrada Escritura, ya que ella es la palabra divina que se revela a los hombres para atraerlos al conocimiento del verdadero Dios y dirigirlos por la senda de la perfección moral.

Búsquela yo, oh Santo mío, esta perfección, y en ella ponga toda mi gloria y todo mi entusiasmo, ya que sólo es la santidad, y no la grandeza humana, la que enaltece a quien es imagen de Dios; son las virtudes, y no los títulos de vanidad, los que honran a quien es discípulo de Jesucristo; es la pureza del alma, y no la hermosura del cuerpo, la que hace encantadora aquella criatura, cuyo cuerpo ha de reducirse a polvo y cuya alma es inmortal; son los bienes de la eternidad, que nunca han de perecer ni menguar, y no los bienes del tiempo, inconstantes, engañosos y caducos, las únicas riquezas que ha de apetecer el hombre que acá en la Tierra se halla como un transeúnte y un extranjero que se dirige a su patria. Reflexione siempre yo estas verdades, y a ellas ajuste mi conducta todos los días de mi vida.

Al Evangelio

Los textos evangélicos son ¡oh Patriarca mío San José! el libro de la ley para el cristiano. En ellos contemplamos a Jesús hablando y obrando; en ellos nos instruyen con su palabra de inefable verdad, y sus hechos de una santidad asombrosa. Vos oísteis mil veces aquella voz del Cielo que resonaba en la Tierra, y admirasteis las acciones que un Dios humanado obraba entre los hombres. Pero Vos oíais y mirabais, prestando a las palabras el oído de vuestra alma y buscando en las acciones una norma que seguir. Que también sea mi alma quien se empape en las palabras del Evangelio, y que sea la santidad que contiene lo que yo procure hacer resaltar en todas mis obras, aun las más insignificantes.

Al Credo

Haced ¡oh fiel esposo de María! que mi inteligencia y mi corazón acompañen mis palabras al rezar con el sacerdote el Credo.

Creo en Dios Padre, Todopoderoso, Criador del Cielo y de la Tierra, y en Jesucristo, su único Hijo, nuestro Señor, que fue concebido por obra del Espíritu Santo, y nació de Santa María virgen; padeció debajo del poder de Poncio Pilatos; fue crucificado, muerto y sepultado ; descendió a los infiernos, y al tercero día resucitó de entre los muertos; subió a los Cielos, y está sentado a la diestra de Dios Padre Todopoderoso; desde allí ha de venir a juzgar a los vivos y a los muertos, creo en el Espíritu Santo; la Santa Iglesia católica, apostólica, romana; la comunión de los Santos, el perdón de los pecados, la resurrección de la carne y la vida perdurable. Amén.

Al Ofertorio

En todas estas creencias, Santo mío, espero vivir y morir, y os suplico me lo alcancéis. ¡Oh mi glorioso San José! Yo me figuro hallarme con Vos y con vuestra inmaculada Esposa en el templo de Jerusalén cuando fuisteis a presentar al Padre Eterno a su Hijo unigénito, revestido de nuestra mortal carne.

Por vuestras manos y por las de María se ofrecía ya entonces el dulcísimo Jesús a la divina justicia, en satisfacción de los pecados del mundo. Vos, que sabíais cuál era la misión en la Tierra de Aquel que, Hijo de Dios, era también llamado hijo vuestro, ¡cómo en aquella ocasión uniríais vuestros sentimientos con los suyos para ofrecer a Dios vuestros trabajos y vuestras penas en redención del humano linaje! Junto, pues, con la Hostia y el cáliz que ofrece el ministro del altar, me ofrezco yo a mi vez como víctima de expiación por mis pecados y los de todos los hombres.

A las oraciones llamadas Secretas
y al Prefacio y «Sanctus»

En secreto o silenciosamente ruega ahora el sacerdote como para avisarme de que, entre yo en lo más recóndito de mi corazón, y allá, lejos del bullicio mundanal, me entregue a la conversación con Dios, que ha dicho que en la soledad es donde Él habla al alma. Acallad, pues, oh Protector mío San José, en mi interior todo pensamiento y todo afecto que no sean de Dios, o a Dios no me conduzcan. Sepa yo buscar en el fondo de mi conciencia aquella alegría y aquella paz que son las solas que pueden hacerme feliz.

Pero de repente el ministro del altar levanta su voz, y con tono que rebosa entusiasmo, alaba al Señor, publica su gloria y nos invita a que le acompañemos. Ayudadme, Santo mío, para hacerlo con todo el fervor de mi alma. Yo quisiera poder tributar a mi Dios todas las alabanzas que le han tributado los hombres desde el principio del mundo, y le tributarán hasta la consumación de los siglos. Más aún: yo quisiera que todos los seres, así materiales como inmateriales, se volviesen lenguas, y que esas lenguas las tuviese yo todas para alabar al Dios a quien adoro. Por esto me asocio a los coros de los Ángeles, Arcángeles y Principados y demás espíritus celestiales, y con ellos repito con todo entusiasmo: Santo, Santo, Santo, Señor Dios de los ejércitos: llenos están los Cielos y la

Tierra de vuestra gloria ; gloria al Padre, gloria al Hijo, gloria al Espíritu Santo ; sí, mi excelso Patriarca San José, gloria al Padre, que os hizo su vicegerente en la Tierra respecto del Hijo que engendró desde la eternidad; gloria al Hijo, que teniendo a Dios por Padre, se complació en llamaros su padre entre los hombres; gloria al Espíritu Santo, que os unió con el lazo de un matrimonio virginal con su inmaculada y mística Esposa.

Al Canon y a la Elevación

¡Oh protector mío San José! Conozco que estos son los momentos en que debo hacer todos los esfuerzos para recogerme y excitar en mí la devoción, pues que he llegado a la parte de la Misa más augusta y más santa. El sacerdote se prepara con la invocación de vuestra virginal Esposa, de los santos Apóstoles y de los santos Mártires, para ponerse luego en lugar de vuestro adoptivo Hijo Jesús, y proferir las sacramentales palabras que convertirán el pan y el vino en el Cuerpo y Sangre de Dios humanado.

Yo acudo también a la intercesión de la siempre Virgen María, a la vuestra y a la de todos los Santos, y al igual del sacerdote, ruego por las necesidades de la Iglesia y del Estado, por el Sumo Pontífice, por todos los Prelados y Pastores de la grey de Jesucristo, y por todos los fieles viadores todavía en este valle de miserias, y de un modo especial por aquellas personas por quienes tengo mayor obligación. Así como por aquellos sucesos, casos o empresas que redunden en gloria divina o más lo haya menester.

Cumplido este deber, entro en mi corazón, y cerrando mis sentidos a todo lo que me rodea, me transporto al Cenáculo y veo allí al Hijo de Dios, que tomando el pan y levantando los ojos al Cielo, le bendice, diciendo: Este es mi cuerpo, y después, bendiciendo el cáliz, continúa: Esta es mi sangre del Nuevo Testamento, que será derramada en beneficio de vosotros y de muchos. ¡Oh Santo mío! El pan ya no es pan, sino que es el Cuerpo de mi Dios y Redentor Jesucristo; ayudadme a adorarle y a prestarle mi pleito homenaje. Cuerpo de mi Salvador; mi alma se anonada en vuestra presencia y se une a los ángeles para cantar vuestra gloria. El vino ya no es vino, sino que es aquella Sangre divina que se derramó para salvar al mundo. Sangre de mi Salvador: postrado en el suelo, yo os adoro con toda la reverencia y el afecto de que soy capaz.

Después de la Elevación

¿Cómo no recordaros a Vos en estos instantes, oh dulce Patriarca mío San José? Si abro los ojos del alma y miro con la luz de la fe, me encuentro en la presencia de Jesucristo; aquí está Él en sus dos naturalezas; la divina y humana; con su sola persona divina, aquí está en su cuerpo, en su alma, en su sangre, cual Vos le veíais ante vuestros ojos, le acariciabais y le estrechabais sobre vuestro corazón. ¡Qué dicha es la mía! Avivad mi fe, Santo mío, para que conozca toda la felicidad que me cabe en hallarme en la real presencia de mi dulcísimo Jesús.

Aprovechando, pues, estas circunstancias, y contando con que Vos le presentaréis mis súplicas, ruego con el sacerdote por todos los fieles difuntos, mayormente por aquellos a quienes debo sufragios o que están más necesitados de ellos en las cárceles del Purgatorio. Y como no puedo menos de reconocerme pecador, además de la vuestra, imploro la mediación de vuestra inmaculada Esposa, la bienaventurada Virgen María, Madre de Dios y Madre mía, la de los Santos Apóstoles y Mártires, y la de todos los bienaventurados del Cielo. Con ellos me uno para tributar a mi divino Redentor todas las alabanzas y todas las adoraciones que se merece por haber ofrecido su sacratísimo cuerpo en holocausto de expiación de mis pecados, y por haberme redimido con su dulcísima sangre.

Al «Pater noster, Pax Domini y Agnus Dei»

Siendo, glorioso San José, la oración dominical la que el mismo celestial Maestro enseñó a sus discípulos, que le pedían una fórmula para orar, acompañando al sacerdote, la rezo con toda la devoción que me es posible.

Padre nuestro, que estás en los Cielos, santificado sea el tu nombre, venga a nosotros tu reino, hágase tu voluntad así en la Tierra como en el Cielo. El pan nuestro de cada día, dánosle hoy, y perdónanos nuestras deudas, así como nosotros perdonamos a nuestros deudores, y no nos dejes caer en la tentación, más líbranos de mal. Amén.

Sí, alcanzadme, poderoso Patriarca, que me vea libre de todo mal, así del cuerpo como del alma; alcanzadme fuerza para vencer las tentaciones del demonio, los incentivos de la carne y los halagos del mundo, estos tres crueles e incansables enemigos de mi alma. Placed que mi corazón no se vea nunca dominado de las pasiones, antes bien que goce de la paz y tranquilidad de una conciencia a la que no remuerde ningún pecado.

Impetrádmela, ¡oh mi San José!, esa paz de espíritu que el mundo no puede dar, y que vuestro Jesús anunció tantas veces a sus discípulos. Tenga paz conmigo mismo, sujetando las exigencias de mis sentidos y venciendo las agitaciones de mi alma; tenga paz con mis prójimos, sufriendo sus defectos y perdonando todo agravio; tenga paz con mi Dios, gozando de su gracia, de aquella gracia que debemos al Cordero divino, que ha borrado los pecados del mundo. Interceded en mi favor, Santo mío, para que por la sangre de ese Cordero se derramen sobre mí las infinitas misericordias.

Al «Domine non sum dignus», y a la Comunión

Bien quisiera ¡oh bondadoso Protector mío San José! participar con el sacerdote del sacratísimo Cuerpo y de la preciosísima Sangre de mi amable Jesús.

Pero si mis deseos son ardientes, mi indignidad es grande. A pesar de mi amor propio y de mi presunción, no puedo dejar de confesar que me encuentro sin mérito alguno para unirme con mi Dios por medio de la Sagrada Comunión. No, no soy digno, ¡oh Patriarca mío!, ni siquiera puedo imaginarlo.

Pero hacedme Vos digno dándome algo de aquellas disposiciones con que os hallabais para con vuestro Hijo adoptivo, de aquella reverencia con que le tratabais, y sobre todo, de aquel amor más que seráfico con que le amabais.

Prestadme por algunos momentos vuestro corazón, todo pureza y todo ternura, para que a lo menos espiritualmente pueda recibir al Señor, diciéndole: Venid, dulcísimo Jesús mío, venid a mi alma; hacedla toda vuestra; ya que ahora no puedo recibiros corporalmente, es mi inflamado anhelo recibiros espiritualmente, y quedar unido con Vos todos los días de mi vida, y después por toda una eternidad. ¡Virgen Santísima, San José bendito, Ángel de mi guarda!, dad gracias a Dios porque se ha dignado venir a habitar en mi corazón.

A las últimas Oraciones y a la Bendición

A Vos os debo, mi siempre benignísimo Patriarca, el que mi alma esté experimentando una alegría particular, efecto, sin duda, de sus ansias en unirse con Jesucristo y haber pedido a Este, su tan condescendiente amante, que se dignara venir a visitarla. Él, que es tan bueno, lo habrá hecho sin recordar mis ingratitudes, puesto que me hallo completamente cambiado, ardiendo en deseos de no pertenecer en adelante sino a mi Jesús.

Para que así sea, recurro a vuestra protección y a la de la Santísima Virgen María, como también a la de los Santos cuya fiesta celebra la Iglesia. ¡Qué suerte sería la mía si pudiese yo tener sus virtudes, e imitando su ejemplo, ser una copia de su perfección cristiana! Asistidme, Santo mío, para que haga por mi parte todos los esfuerzos a fin de alcanzarlo, cumpliendo exactamente con todos los deberes que me impone la profesión de mi fe, y violentando mi corrompida naturaleza en todo lo que se oponga a las máximas del Evangelio. Sé que, por más propósitos que haga, todos serán infructuosos si no recibo la bendición de lo Alto.

Esta bendición os suplico, solícito abogado mío, confiando en que Vos haréis ratificar en el Cielo por vuestro Hijo adoptivo la bendición que acá en la Tierra me da su ministro en el nombre del Padre, del Hijo y del Espíritu Santo.

Al último Evangelio

Una súplica voy a dirigiros, mi especial protector San José, al concluir el sacrosanto sacrificio del altar, al que he asistido. Esta súplica es que, así como en la santa Misa ha sido ofrecido al Padre Eterno su Hijo unigénito, me ofrezcáis Vos a su vez al dulcísimo Jesús para que se digne admitirme como cosa suya todos los días de mi vida y a la hora de mi muerte. Y para ser digno de ello, yo le ofrezco por mi parte y por vuestras manos todo el bien que puedo haber hecho, y los deseos que tengo de multiplicarlo hasta lo infinito, si posible me fuese, así como el sacrificio de la pasión que de un modo particular me domina.

Más viendo su misericordia y mi inconstancia, y que, hallándome expuesto a tantos peligros y a tantas seducciones, necesito de un lugar de seguridad y de refugio, os ruego con todo encarecimiento me pongáis bajo el abrigo del manto maternal de vuestra virginal Esposa. Sean siempre Jesús, María y José el objeto de mi amor, así como lo son de mi confianza, y profieran mis labios estos nombres dulcísimos mil veces al día, para ser las últimas palabras que exhale con mi postrer aliento, y como el grito de auxilio que pida para pasar felizmente del tiempo a la eternidad.

Acto de contrición

Dios y Señor mío, en quien creo, espero, y a quien amo sobre todas las cosas: al pensar en lo mucho que habéis hecho por mí, y lo ingrato que he sido yo a vuestros favores, mi corazón se confunde y me obliga a exclamar: Piedad, Señor, para este hijo rebelde: perdonadle sus extravíos, que le pesa de haberos ofendido y desea antes morir que volver a pecar. Confieso que soy indigno de esta gracia: pero os la pido por los méritos de vuestro padre nutricio, San José.

Y Vos, gloriosísimo abogado mío, recibidme bajo vuestra protección, y dadme el fervor necesario para emplear bien mi vida en obsequio vuestro y utilidad de mi alma. Amén. Jesús, María y José.

Oraciones en honor de los siete dolores y de los siete gozos de San José que deben rezarse para ganar las indulgencias de los siete domingos

Primer Domingo

¡Oh esposo purísimo de María Santísima, glorioso San José! Así como fue grande el trabajo y la angustia de vuestro corazón en la perplejidad de abandonar a vuestra purísima Esposa así fue inexplicable vuestro gozo cuando el ángel os reveló el soberano misterio de la Encarnación.

Por este vuestro dolor y por este vuestro gozo os rogamos que consoléis a nuestra alma ahora y en los últimos dolores con la alegría de una buena vida y de una santa muerte, semejante a la vuestra en medio de Jesús y María.

Padre nuestro, Ave María y Gloria.

Acto de Consagración a San José

¡Oh Santo amabilísimo, digno entre todos los santos de ser venerado, invocado y obsequiado con particular amor, tanto por la excelencia de vuestras virtudes como por la eminencia de vuestra gloria y el poder de vuestra intercesión!

Yo, N. N., en presencia de Jesús, que os escogió por padre, y de María, que os aceptó por esposo y como a tal os honró y sirvió cariñosamente, os tomo por mi padre, mi protector y abogado para con entrambos. Propongo firmemente no olvidaros nunca, antes bien honraros todos los días de mi vida y procurar que otros os honren y glorifiquen. Os suplico que os dignéis concederme vuestra especial protección v admitidme en el número de vuestros devotos siervos. Asistidme en todas mis acciones, sedme favorable para con Jesús y María, protegedme en la vida y no me desamparéis en la hora de mi muerte. Amén.

SEGUNDO DOMINGO

¡Oh felicísimo Patriarca, glorioso San José, que fuiste escogido entre todos para el oficio de padre putativo del Verbo humanado! El dolor que sentiste al ver nacer al Niño Jesús en tanta pobreza se cambió luego en alegría celestial oyendo la armonía angélica y viendo la gloria de aquella noche tan resplandeciente.

Por este vuestro dolor y por este vuestro gozo os suplico que nos alcancéis que, después del camino de esta vida, pasemos a oír las alabanzas de los Ángeles y a gozar de los resplandores de la gloria celestial.

Padre nuestro, Ave María y Gloria, etc.

Ahora se rezará el acto de consagración como en el primer domingo.

TERCER DOMINGO

¡Oh ejecutor obedientísimo de las leyes divinas, glorioso San José! La sangre preciosísima que derramó el Niño Redentor en la circuncisión os traspasó el corazón, pero el nombre de Jesús os reanimó, llenándoos de gozo.

Por este vuestro dolor y por este vuestro gozo alcanzadnos que, quitado de nosotros todo vicio en vida, expiremos gozosos con el santísimo nombre de Jesús en el corazón y en la boca.

Padre nuestro, Ave María y Gloria.

Acto de consagración.

CUARTO DOMINGO

¡Oh fidelísimo Santo, que tuvisteis parte en los Misterios de nuestra Redención, glorioso San José! Si la profecía de Simeón de lo que habían de padecer Jesús y María os causó un desmayo de muerte, también os colmó de un dichoso gozo la predicción de que de ahí se seguiría la salud y resurrección de innumerables almas.

Por este vuestro dolor y por este vuestro gozo, alcanzadnos que seamos del número de aquellos que, por los méritos de Jesús y por la intercesión de María, han de resucitar gloriosamente.

Padre nuestro, Ave María y Gloria.

Acto de consagración.

QUINTO DOMINGO

¡Oh vigilantísimo Guarda, familiar íntimo del Hijo de Dios Encarnado, glorioso San José! ¡Cuánto penasteis para sustentar y servir al Hijo del Altísimo! Particularmente cuando tuvisteis que huir a Egipto; pero, cuánto también gozasteis teniendo siempre con Vos al mismo Dios, ¡y viendo caer a Tierra los ídolos de Egipto!

Por este vuestro dolor y por este vuestro gozo alcanzadnos que, teniendo lejos de nosotros al tirano infernal, y especialmente huyendo de las ocasiones peligrosas, caiga de nuestro corazón todo ídolo de afecto terreno, y ocupados en servir a Jesús y a María, para Ellos vivamos solamente y muramos felizmente.

Padre nuestro, Ave María y Gloria.

Acto de consagración.

SEXTO DOMINGO

¡Oh ángel de la Tierra! Glorioso San José, que os admirasteis viendo al Rey del Cielo sujeto a vuestras órdenes! Si vuestro consuelo al volverle de Egipto se enturbió con el temor de Arquelao, sin embargo, asegurado por el Ángel, habitasteis alegre en Nazaret.

Por este vuestro dolor y por este vuestro gozo alcanzadnos que, libre nuestro corazón de temores nocivos, gocemos de la paz de la conciencia, y viviendo seguros con Jesús y María, Ellos nos asistan en nuestra agonía.

Padre nuestro, Ave María y Gloria.

Acto de consagración.

SÉPTIMO DOMINGO

¡Oh ejemplar de toda santidad, glorioso San José! Perdido que hubisteis sin culpa al Niño Jesús, para mayor dolor hubisteis de buscarlo por tres días, hasta que, con sumo júbilo, gozasteis de vuestra vida, hallada en el templo entre los doctores.

Por este vuestro dolor y por este vuestro gozo os suplicamos de lo íntimo del corazón que por vuestra intercesión jamás suceda que nosotros perdamos a Jesús con culpa grave, y que, si por desgracia le perdiésemos, le busquemos con sumo dolor para hallarlo piadoso, particularmente en nuestra muerte, a fin de que lleguemos a gozarle en el Cielo, y a cantar allí con vos eternamente sus divinas misericordias.

Padre nuestro, Ave María y Gloria.

Acto de consagración.

Antiph.- Ipse Iesus erat incipiens quasi annorum triginta, ut putabatur Filius Ioseph.

V. Ora pro nobis, Sánete Ioseph.

R. Ut digni efficiamur promissionibus Christi.

OREMUS

Deus, qui ineffabili providentia Beatum Ioseph Sanctissimae Genitricis tuae Sponsum eligere dignatus es, praesta quaesumus, ut quem Protectorem veneramur in terris, intercessorem habere me reamúr in coelis.

Qui vivis, et regnas in saecula saeculorum.

R. Amen.

Indulgencias concedidas a la Devoción de los siete Domingos de San José

El Sumo Pontífice Gregorio XVI, por Rescripto de la Sagrada Congregación de Indulgencias de 22 de enero de 1836, concede a todos los fieles que a lo menos con corazón contrito recen devotamente las dichas oraciones en siete domingos continuos que cada uno elija entre año: Indulgencia de trescientos días en cada uno de los seis primeros domingos. Indulgencia plenaria en el séptimo domingo si, verdaderamente arrepentidos, se confiesan y comulgan.

La Santidad de N. S. P. Pío Papa IX, por Rescripto de la Sagrada Congregación de Indulgencias de 1º de febrero de 1847, confirmando las sobredichas concesiones, aña dio: Indulgencia plenaria en cada uno de los siete domingos continuos, a elegir entre año, con tal que, precediendo el rezo de las oraciones sobredichas, verdaderamente arrepentidos, confesados y comulgados, visiten alguna iglesia u oratorio público, y nieguen allí por algún espacio de tiempo según la mente de Su Santidad.

El mismo Sumo Pontífice, por otro Decreto de la Sagrada Congregación de Indulgencias de 22 de marzo de 1847, extendió la Indulgencia plenaria concedida para cada uno de los siete domingos entre año, a favor de los que no saben leer y residen en lugares en que no se practican públicamente, con tal que en cada domingo, llenando las demás condiciones, en lugar de las oraciones, recen siete veces el Padre nuestro, Ave María y Gloria.

Además, por concesión anterior del Papa Pío VII, rezando estas mismas oraciones se ganan: Indulgencia de cien días, una vez al día.

Indulgencia de cien días todos los miércoles del año, y en cada día de los nueve precedentes de San José (19 de marzo), y de su Patrocinio (tercer domingo después de Pascua). Indulgencia plenaria en estas dos fiestas, confesando y comulgando, además.

Triduo en obsequio del castísimo
Patriarca San José se podrá empezar
el 17 de cada mes para concluir el 19

Modo de hacer este Triduo

Hecho el acto de contrición, se dirá la siguiente

Oración

¡Con qué confianza, con cuánta satisfacción vengo a vuestros pies, José santísimo, a implorar vuestro socorro y protección en mis necesidades! ¡Oh! Yo no desconfío de que oiréis mis ruegos, que por experiencia sé que no os sabéis negar al que con fe os hace una súplica. Vos, que en el mundo probasteis todas las amarguras de la vida, y que conocéis bien las afecciones del corazón humano, ¿os haréis sordo cuando algún mortal, con la fe y el consuelo que inspira vuestro dulce nombre, os invoca y os hace ver el fondo de su alma, que sufre traspasada por alguna pena?

Vos, que podéis sacar la punzante espina de un corazón afligido, ¿os mostraréis indiferente y veréis, sin lastimarse vuestra eminente caridad, rodar las lágrimas de vuestros devotos sin extender vuestra benéfica mano y secar su llanto? ¿Acaso necesitáis para hacemos un beneficio, o darnos un consuelo, otra cosa que querer? ¿Y habrá quien pueda imaginarse que, no siendo menester más que vuestra voluntad santísima, no queráis acceder a calmar o quitar del todo nuestras tribulaciones? ¿Desconfiáis que vuestro Hijo Santísimo os niegue lo que pidiereis?

¿Será posible, Santo mío, que Aquel que en el mundo alimentasteis, y que vio vuestra noble frente cubierta de sudor para proporcionarle su alimento y el de su Santísima Madre, os desaire cuando vayáis a suplicarle os conceda alguna gracia Aquel que os escogió para que le sirvierais de padre, y que se regocijaba cuando le dabais el tierno nombre de Hijo?

¿No querrá acceder a vuestras peticiones? Qué, ¿no es el mismo que en la Tierra os obedecía, y que tantas veces tuvisteis en vuestros brazos acariciándole dulcemente? ¿No es el mismo que desde toda la eternidad os señaló con su omnipotencia para esposo de la Inmaculada Virgen María? Grandes, muy grandes son estos títulos para que no podáis con Dios todo lo que queráis, y grandes son también las esperanzas que a mí me infunden tan inmensas prerrogativas.

Posible es, padre mío, que yo os pida una cosa que no me sea conveniente, y esto es efecto de mi ignorancia; pero no es posible que me dejéis sin consuelo en mis necesidades; sí, yo no quiero que hagáis mi voluntad, sino la de Dios, pues si lo que pido no es a su mayor honra y gloria y provecho de mi alma, nada quiero, sino en todo tiempo vuestra amistad y protección. Si trabajos, si enfermedades y disgustos es lo que me conviene en la vida, yo los recibo con el mayor placer por ser voluntad de Dios, y sólo os pido me alcancéis su santísima gracia para sufrir resignado y merecer en la eternidad el premio, que es a lo que aspiro. Amén.

DÍA PRIMERO

¡Santísimo José! Aquí me tenéis postrado a vuestras plantas y muy confiado de vuestro patrocinio; siento que en mi pecho nace una lisonjera esperanza al invocaros, porque estoy convencido de vuestro poder y valimiento con el Altísimo, porque sé que son infalibles vuestros ruegos, unidos con los de vuestra purísima Esposa María, y porque sé también que tenéis deseos de favorecer a vuestros devotos.

Pues bien, llevadme de la mano hasta el trono de vuestro Santísimo Hijo, y decidle: "Este que ves aquí me ha invocado, se ha valido de mí en sus penas, y yo quiero aliviárselas; él no se levantará de tu presencia, yo no me retiraré de este lugar sin haber conseguido lo que deseo en bien de mi devoto; acuérdate, Hijo mío, de las aflicciones que en el mundo tuve cuando te dignaste encargarme tu cuidado y no me niegues lo que solicito".

¡Ah! No podrá negarse a este ruego; os concederá lo que le pidáis, Santo mío, y yo volveré a tener la felicidad que perdí, y todos mis días serán de regocijo teniéndoos a vos en mi favor y amparo. Amén.

Padre nuestro, Ave María y Gloria Patri

JACULATORIA

Sírvanos de guía y luz

En nuestra necesidad

La inagotable bondad

Del dulcísimo Jesús.

Padre nuestro, Ave María, etc.

Sea toda nuestra alegría,

Sea todo nuestro consuelo,

La medianera en el Cielo,

La Inmaculada María.

Padre nuestro, etc.

Se acabarán, bien se ve,

Nuestras penas y dolores

Teniendo por protectores

A Jesús, María y José.

Padre nuestro, etc.

Luego se dirá la oración que va puesta al fin para todos los días, con lo que se concluye.

DÍA SEGUNDO

Hecho el acto de contrición se dirá la oración primera, y luego la siguiente:

ORACIÓN

¡Glorioso Patriarca! Yo, que soy el más grande pecador, necesito de vuestro Hijo la más grande misericordia: rogad por mí y no me desechéis; ved que os invoco, ved que os suplico que no me retiréis de vuestra presencia sin consuelo; nada soy, nada valgo, nada merezco; pero tengo que alegar en mi favor vuestras propias virtudes y las de vuestra Esposa María; os tengo que recordar que el Salvador derramó su sangre preciosísima por mí, y que, aunque indigno, soy criatura suya.

Si vos os interesáis por mí y hacéis esto presente al Omnipotente, nada me faltará y quedarán remediadas mis necesidades; así lo creo, así lo espero lleno de fe, y muy consolado queda mi corazón confiando que con vuestra intercesión santísima seré feliz en esta vida y en la otra, como lo deseo. Amén.

Padre nuestro, etc., como el día primero, y se concluirá con la oración puesta al fin.

DÍA TERCERO

¡Oh amabilísimo José, padre putativo felicísimo del Salvador del mundo! Yo no cesaré de alabaros ni de confiar en vuestro patrocinio, ni cesaré de invocaros hasta el último instante de mi vida, y de pedir que roguéis por mí.

No despreciéis mis oraciones, aunque tibias y sin fervor; suplid mi devoción, iluminad mi entendimiento, fortaleced mi corazón en las virtudes, y dadme todo aquello que sea necesario para el bien de mi alma, juntamente con el socorro y amparo de mis necesidades; ya Vos las conocéis; no tengo para qué repetirlas, y mejor que yo sabéis lo que me es más conveniente y necesario.

No hagáis conmigo (os lo repito) lo que yo quiera, sino lo que más agradable sea a vuestro querido Hijo; no se haga en mí ni en todas mis cosas sino la voluntad de Dios, para que en todo tiempo y a toda hora cante sus alabanzas en la Tierra, y después vaya a cantarlas en el Cielo en vuestra compañía. Amén.

Padre nuestro, etc., como el primer día, y se concluirá con la siguiente:

ORACIÓN CON QUE SE FINALIZARÁ TODOS LOS DÍAS

Ya estoy a los pies del dulcísimo José; ya estoy postrado ante este felicísimo Patriarca, y ya nada temo; ¿ni qué podría temer teniéndole por abogado? Vengan las aflicciones, la orfandad, la enfermedad y la miseria; yo no las temo: impávido levantaré la cabeza en medio de los mayores infortunios.

Nada podrán contra mí, porque José es mi refugio; las maquinaciones de mis enemigos para perderme serán destruidas; la lengua viperina del que injustamente me persigue enmudecerá; al ladrón se le frustrará el lazo que me tienda; el asesino no podrá levantar el brazo para herirme, y la enfermedad y la peste no infestarán mi casa.

Nadie, nadie podrá dañarme: José es mi protector; José ha abierto los brazos para recibirme y salvarme;

José va a hacer de mí un hombre nuevo; José va a borrar de mí las malas inclinaciones; Jos é va a ser mi guía en el camino de las virtudes, y José, en fin, rogará a Dio s por mí y yo seré salvo. Amén.

Novena al Glorioso Patriarca

Hincado de rodillas ante alguna imagen del glorioso San José, hará la señal de la cruz, levantará el espíritu a Dios y dirá luego el Acto de contrición: Señor mío Jesucristo, etc.

Oración a Dios Nuestro Señor para todos los días

¡Dios y Señor mío, que llenasteis de innumerables favores, gracias y dones al glorioso Patriarca y santísimo José para hacerle digno esposo, compañero y vigilante custodio de la Santísima Virgen, ayo y padre putativo de Cristo Redentor nuestro!

Yo os doy repetidísimas gracias por tan alta dignidad y soberanos favores con que honrasteis a nuestro glorioso Santo, y os suplico me concedáis la pureza del alma y cuerpo para que acierte a agradaros, y que merezca alcanzar mediante su intercesión, la gracia que solicito y pido en esta Novena. Amén.

Deprecación al glorioso San José para todos los días

¡Santísimo Patriarca, glorioso San José, digno esposo de la Inmaculada Virgen y Madre de Jesucristo! Yo os suplico interpongáis vuestros méritos y me alcancéis del Señor que consiga mi humildad lo que intenta y pide en esta Novena, siendo para gloria suya, honra vuestra y provecho de mi alma; pero si no fuese así, rectificad mi petición para que sólo pretenda y pida lo conveniente para mayor gloria suya, culto vuestro y salvación de mi alma. Amén.

Día primero

¡Oh santísimo José, Protector y amparo mío! En reverencia de las gracias y favores con que adornó la Trinidad Beatísima vuestra santísima alma, para que en ella brotasen las suavísimas flores de tan heroicas virtudes que os hicieron digno esposo de la Santísima Virgen, padre putativo, ayo y custodio de su Unigénito Hijo, yo os suplico y rendidamente imploro vuestra intercesión benigna para alcanzar de la divina bondad los celestiales rocíos que fertilizan las almas, para que pueda la mía llevar fruto de virtudes que la mantengan en gracia durante esta vida, y final perseverancia con que llegue a celebrar los sagrados desposorios que esperamos en la eterna.

Asimismo, devotamente os suplico aleguéis vuestros poderosos méritos, alcanzándome lo que ruego y pido en esta Novena si conviene a la salud de mi alma. Amén.

(Aquí se hará la petición). Ahora se dirán tres Padrenuestros, tres Avemarías y tres Gloria Patri en honor del benditísimo Patriarca.

Ant. José, hijo de David, no temas ni rehúses recibir a tu castísima Esposa en tu santa compañía, porque lo que ha concebido es por gracia del Divino Espíritu.

Ruega por nosotros, santísimo José, para que seamos dignos de las promesas de Cristo.

ORACIÓN

¡Oh Dios, que por una providencia inefable os dignasteis escoger al bienaventurado José para esposo de vuestra Santísima Madre! Os suplicamos fervorosamente nos concedáis la gracia de que, venerándole en la Tierra como a nuestro protector, merezcamos tenerle por intercesor en los Cielos. Vos, que siendo Dios vivís y reináis por los siglos de los siglos. Amén.

Ahora se podrán rezar los Gozos del Santo.

Día segundo

¡Oh santísimo José, protector y amparo mío! En reverencia del dolor que padecisteis no alcanzando la alteza de los misterios al considerar en cinta a vuestra castísima Esposa, y del gozo que recibisteis del ángel que aseguró ser el Espíritu Santo especialísimo autor de su virginal preñez, yo imploro vuestro favor para alcanzar de las divinas piedades cumplida gracia para guardar la limpieza y castidad del alma y cuerpo que pide mi estado, pues tanto resplandecisteis y os esmerasteis en ella.

Asimismo, devotamente os suplico me alcancéis de la Majestad divina la especial gracia y favor que pido en esta Novena, siendo conveniente a mi eterna salvación. Amén.

Se concluirá como el primer día.

Día tercero

¡Oh santísimo José, protector y amparo mío! En reverencia del doloroso quebranto que sentisteis al mirar la pobreza y desnudez de Jesús, el frío que sufría y sus tiernos llantos, que os llenaron de compasión amorosa, y en reverencia del consuelo celestial que regocijó a vuestra alma oyendo la música misteriosa que entonaron los cortesanos del Cielo, y aceptando los regalos que con tierna sencillez ofreció la devoción de los pastores humildes, os suplico interpongáis vuestra poderosa intercesión para que yo desestime la vanidad de las galas y riquezas engañosas con que se goza el mundo, porque no me sirvan de estorbo para buscar los verdaderos contentos de la gracia, que en esta vida aseguran los eternos de la gloria.

Os suplico interceda la eficacia de vuestros copiosísimos méritos para alcanzar el favor que os pido en esta Novena, si conviene a mi eterna salvación. Amén.

Se concluirá como el primer día.

DÍA CUARTO

¡Oh santísimo José, defensor y amparo mío! En reverencia del compasivo dolor y ternura de lágrimas que derramaríais, sin duda, viendo herir al Niño Dios cuando se circuncidó, y derramar el tesoro de su sangre preciosísima, y en reverencia del gozo espiritual que recibió vuestro espíritu llamando al Niño, Jesús, pues era verdadero Salvador de todo el linaje humano, yo os suplico me alcancéis que acierte a circuncidar los perniciosos resabios del demasiado amor propio, convirtiéndolo en caridad de mis prójimos, que les alivie en todas sus necesidades cuanto me sea posible.

Y juntamente suplico propongáis en el tribunal divino vuestros poderosos méritos para que alcance la especial gracia que pido en esta Novena y que sea eficaz medio para conseguir la gloria. Amén.

Se concluirá como el primer día.

DÍA QUINTO

¡Oh santísimo José, mi abogado y especialísimo amparo! En reverencia de aquel triste desconsuelo que atormentó vuestro tierno corazón cuando el anciano Simeón profetizó los dolores, escarnios, contradicciones y penas que preparó la malicia a vuestro amado Jesús, y en reverencia del gozo que vuestra alma sintió al oír que todos estos trabajos se disponían para ejemplo y redención de los hombres, yo os pido, santísimo Patriarca, seáis mi especial abogado y me alcancéis que, mediante la total conformidad en las penas y desgracias de esta vida, sea mi alma del número felicísimo de las que logran y consiguen el fruto de los tormentos y la Pasión de mi Señor Jesucristo.

Yo os suplico que presentéis vuestros méritos a las divinas piedades para alcanzar la gracia que pido en esta Novena, si no impide la salvación de mi alma. Amén.

Se concluirá como el primer día.

DÍA SEXTO

¡Oh santísimo José, mi defensa y abogado especialísimo. En reverencia del compasivo dolor que atravesó vuestra alma al disponer la partida, huyendo de la tiranía y crueldad del rey Herodes, y del gozo que sentisteis cuando, arruinados los ídolos, empezó a desfallecer el poder de los demonios, yo os pido, amantísimo José , interpongáis vuestra intercesión piadosa, alcanzando se desvanezca en mi alma, a las luces de la ilustración divina, la obscuridad que mantiene las aficiones y embaucamientos del mundo, y sólo abrace las verdades y desengaños que la dispongan para recibir los frutos de soberanos influjos, y ahora la especial gracia que os pido en esta Novena y os suplico se enderece a conseguirla consumada en la gloria. Amén.

Se concluirá como el primer día.

DÍA SÉPTIMO

¡Oh santísimo José, protector y amparo mío! En reverencia de la tristeza y dolor que atormentó a vuestra alma sabiendo al volver de Egipto que, muerto Herodes, era rey un hijo suyo, que temisteis imitase la tiranía de su padre, y en reverencia del gozo que alivió vuestra tristeza con la embajada del ángel, que os mandaba retirar con el Infante y su purísima Madre a la provincia de Galilea, yo os suplico, custodio vigilantísimo de estas dos divinas prendas, me alcancéis especialísima gracia de la Majestad suprema para imitar, cuanto pueda, vuestra atención cuidadosa y reverencial amor, para servir con perpetua esclavitud a esa celestial Señora, purísima Esposa vuestra, digna Madre de mi Dios y mi especial abogada; y empeño vuestra fineza para que ambos intercedáis con mi Dios y me alcancéis el favor que pido en esta Novena, si ha de ser medio y oportuna prevención a la salud de mi alma. Amén.

Se concluirá como el primer día.

DÍA OCTAVO

¡Oh santísimo José, mi especialísimo amparo! En reverencia del desconsuelo y tristeza con que estuvo vuestro amante corazón los tres días que se retiró Jesús y ausentó de vuestros ojos, y del gozo en que se bañó vuestra alma viéndole entre los doctores, proponiéndoles dificultades gravísimas de la Sagrada Escritura, yo os suplico que ofrezcáis vuestro gran merecimiento a la Majestad divina, alcanzándome eficaz gracia para que siga mi alma el verdadero camino y senda de las virtudes, su aumento y perseverancia en ellas, para que, hallado por gracia del dulcísimo Jesús en las vicisitudes de esta vida, viva en él, por amor perseverante hasta que quede segura, sin el miedo de perderle, en la quietud de la eterna.

Y os suplico seáis mi fiel intercesor, y me alcancéis el favor y la gracia que pido en esta Novena, si conviene a mi eterna salvación. Amén.

Se concluirá como el primer día.

DÍA NOVENO

¡Oh santísimo José, protector y amparo mío, Patriarca el más dichoso, de los más festejados y honrados de Dios en los palacios del Cielo, cuyo gran merecimiento predicó el Espíritu divino llamándoos digno esposo de María y padre putativo de Jesucristo!

Yo, humilde devoto vuestro, me regocijo en el alma y os doy amorosos parabienes por el alto grado de gloria que gozáis en la feliz compañía de vuestra divina Esposa. Y pues sois especial dispensador de los tesoros del Cielo, y facilita vuestra intercesión piadosa lo que parece imposible a nuestra humana flaqueza, pues no negará Jesús cosa alguna en el Cielo a quien quiso su fineza vivir sujeto en la Tierra, yo os suplico, amantísimo José, interpongáis toda vuestra autoridad con vuestra Esposa santísima, y ambos con vuestro querido Hijo y mi Redentor Jesús, para alcanzarme de su infinita piedad luz que destierre las tinieblas de mi entendimiento, gracia que enfervorice mi alma en el amor de las virtudes, y la final perseverancia que corone los trabajos y ejercicios de esta vida con los bienes, felicidades y descanso de la eterna.

Asimismo, rendidamente os suplico alcancéis de las divinas piedades paz y verdadera concordia a los príncipes cristianos, extirpación de las herejías, a las almas del Purgatorio el eterno descanso, y finalmente os ruego solicitéis para mí la especial gracia que pido en esta Novena, y sea todo a mayor gloria de Dios, honra vuestra y salvación de mi alma. Amén.

Se concluirá como el primer día.

Gozos en Honor del Patriarca San José

Por tu inefable alegría, José, muy gozoso estoy; A Dios las gracias le doy Y el parabién a María.

Por el gozo peregrino

Que tu alma recibió

Al saber que concibió

Del Espíritu Divino

Tu Esposa, y que así convino

Para bien del alma mía,

A Dios las gracias le doy Y el parabién a María.

Pater noster y Ave María.

Por el contento sagrado

Que los pastores te dieron,

Cuando a Jesús se rindieron,

Entre pajas reclinado,

Y al verle tan festejado

De celestial melodía,

A Dios las gracias le doy Y el parabién a María.

Pater noster y Ave María.

Por el gozo que tuviste

Cuando en la Circuncisión

Pronunció tu corazón,

Jesús, nombre que le diste;

Y cuando en esto supiste

Que al mundo remediaría,
A Dios las gracias le doy
Y el parabién a María.
Pater noster y Ave María.

Por el gozo celestial
Que tu corazón sintió
Cuando al sacerdote oyó
Que Jesús era señal
Que con su sangre real
A todos redimiría,
A Dios las gracias le doy
Y el parabién a María.
Pater noster y Ave María.

Por el gozo y gran consuelo
Con que miraron tus ojos
De Jesús como despojos
Los ídolos por el suelo,
Y que ya vencía el Cielo
De Egipto la idolatría,
A Dios las gracias le doy
Y el parabién a María.
Pater noster y Ave María.

Por el gozo y regocijo

Que recibiste al oír

Que ya podías salir

De Egipto con Madre e Hijo,

Y más cuando el Ángel dijo

Que a Galilea escogía,

A Dios las gracias le doy

Y el parabién a María.

Pater noster y Ave María.

Sentiste gozo excelente

Cuando le hallaste enseñando

En el templo y disputando

Con magisterio eminente.

De tu celo diligente

Premio fue tanta alegría,

A Dios las gracias le doy Y el parabién a María.

Pater noster y Ave María.

OFICIO PARVO A SAN JOSÉ

A Maitines y Laudes

Jesús, José y María, os doy el corazón y el alma mía.

HIMNO

De regia estirpe

Fruto bendito,

Feliz esposo,

De Dios nutricio.

Aquí a tus plantas

Veme rendido:

Ruegos humildes

Oye propicio.

Antífona.- Dios te salve, gloria de los Patriarcas, luz de la Santa Iglesia, siervo bueno y fiel a quien dio en la Tierra el Eterno Padre autoridad de padre y esposo sobre Jesús y María.

V. Ruega por nosotros, Patriarca santo.

R. Para que seamos dignos de las promesas de Jesucristo.

ORACIÓN

Suplan, Señor, los merecimientos del Patriarca San José, esposo querido de tu Santísima Madre, lo que no podemos nosotros alcanzar, para que nos concedas lo que pedimos por su intercesión. Que vives y reinas con el Padre y el Espíritu Santo por todos los siglos de los siglos. Amén.

Jesús, José y María, os doy el corazón y el alma mía.

HIMNO

Dejar la Esposa

Quieres ¡ay triste!

Que a tanta angustia

Ya no resistes.

Mas baja el Ángel

Que la disipe Dándote dulce

Gozo indecible.

A Prima

Antífona.- Dios te salve, etc.,

ORACIÓN

Suplan Señor etc.

A Tercia

Jesús, José y María, os doy el corazón y el alma mía.

HIMNO

A Belén vuelas

Con la dichosa

Feliz consorte

De tus victorias.

Al tierno Niño

Besas y adoras,

Colmado el pecho

De luz y gloria.

Antífona.- Dios te salve, etc.,

V. Ruega por nosotros, etc.

ORACIÓN

Suplan, Señor, etc.

A Sexta

Jesús, José y María, os doy el corazón y el alma mía

HIMNO

Pérfido Herodes

Busca tu prenda;

Tú, fugitivo,

Lejos la llevas.

Con Hijo y Madre Sufres mil penas,

Hasta que alegre Bonanza vuelva.

Antífona.- Dios te salve, etc.,

V . Ruega por nosotros, etc.

ORACIÓN

Suplan, Señor, etc.

A Nona

Jesús, José y María, os doy el corazón y el alma mía.

HIMNO

Muerto el tirano,

Dejas a Egipto

Volviendo alegre

Con madre e Hijo.

Y en casa humilde Sudor continuo

La sien te baña

Para nutrirlos.

Antífona.- Dios te salve, etc.,

ORACIÓN

Suplan, Señor, etc.

A Vísperas

Jesús, José y María, os doy el corazón y el alma mía.

HIMNO

Al Niño pierdes Con ansia grande,

Tres días fueron

¡Ay! cuán fatales.

Al fin al templo

Vas a buscarle,

Y ¡oh, Dios, qué gozo

De nuevo hallarle!

Antífona.- Dios te salve, etc.,

V. Ruega por nosotros, etc.

ORACIÓN

Suplan, Señor, etc.

A Completas

Jesús, José y María, os doy el corazón y el alma mía.

Himno

Jesús los brazos Te da,

y María,

Y echado en ellos

Dichoso expiras.

Por tal ventura,

Por tal delicia,

Logren tus fieles

La misma dicha.

Antífona.- Dios te salve, etc.,

Oración

Suplan, Señor, etc.

Mes de San José

Su Santidad el Papa Pío IX, en 27 de abril de 1865, concedió a los que practiquen la devoción del Mes de marzo en obsequio de San José, 300 días de indulgencia para cada día del mes, una indulgencia plenaria en el día que se elija del mismo mes, habiendo confesado y comulgado y rogado según la mente de Su Santidad.

Método que debe observarse cada día

Hecha la señal de la Cruz, hágase un acto de contrición,1 y dígase luego la siguiente:

Oración a la Santísima Trinidad

Dios Eterno y Señor mío, Padre, Hijo y Espíritu Santo, creo y espero en Vos, os adoro y amo con todo mi corazón, y humildemente os pido vuestra gracia y bendiciones, a fin de que sean única y verdaderamente para gloria vuestra y bien de mi alma los obsequios que me propongo dirigir durante este mes al glorioso Patriarca San José, elegido por Vos mismo, entre todos los hombres, para digno esposo de la Inmaculada Virgen María. Amén.

Padre nuestro, Ave María y Gloria.

Oración a la Purísima Virgen

Dignísima Madre de Dios y mi ternísima Madre y Señora, os ruego fervorosamente que, pues todo obsequio a vuestro castísimo esposo San José os ha de ser muy grato, os dignéis ayudarme en el que ahora voy a tributarle, y alcanzadme la gracia de saber

---

1 Procúrese hacer este acto lo mejor posible, con intención de disponerse para la *comunión espiritual.*

conocer e imitar siempre todas sus virtudes para más merecer vuestro amor.

Oración a San José

Y Vos, glorioso padre adoptivo de Jesús, dignaos aceptar mis pobres obsequios como muestra de lo mucho que deseo vivamente amaros, y alcanzadme las gracias que necesito, y en particular la que ahora intento pediros, si es conveniente para mi eterna salvación, que sobre todo me atrevo a esperar de vuestra protección poderosa. Amén.

Pídase ahora lo que particularmente se desea obtener.

Hágase luego la meditación, siguiendo los tres puntos indicados más adelante para cada día, y termínese este ejercicio con la siguiente

Conclusión para cada día

Comunión Espiritual

¡Oh, Jesús mi vida!... ¡Qué dicha sería para mí el teneros y trataros como vuestro padre adoptivo!... ¿Y esta dicha me es posible obtenerla? S í; recibiéndoos y poseyéndoos en vuestro Sacramento de amor; y si ahora no puedo recibiros realmente, lo supliré, oh Pan vivo, Dios verdadero, con un vehemente deseo, con mis vivas ansias de unirme íntimamente a Vos para ser todo vuestro, endiosarme, hacerme una misma cosa con Vos... Venid, pues, dulce amor mío, venid y no tardéis; venid, que por Vos suspiro.

Yo os abrazo ya, Dios mío, en mi interior; haced que jamás os de je; dadme el ósculo de eterna paz, y muera abrasado en amor vuestro a la sombra de María Inmaculada y de su castísimo esposo San José. Gracias, mi adorado Jesús, gracias.

Oración

Acordaos, oh castísimo esposo de la Virgen María, dulce protector mío San José, no haberse jamás oído decir que alguno de los que han invocado vuestra protección e implorado vuestro socorro haya quedado sin consuelo. Animado con esta confianza, vengo a vuestra presencia y me encomiendo fervorosamente a vuestra bondad. ¡Ah!, no desatendáis mis súplicas, oh padre adoptivo del Redentor, antes bien, acogedlas favorablemente y dignaos socorredme con piedad.

Pío IX concedió 300 días de indulgencia a los que recen la sobredicha oración: Acordaos, etc.

Récese siete veces el Padrenuestro, con Ave María y Gloria Patri, o a lo menos una vez, en memoria de los siete dolores y siete gozos del glorioso Patriarca, y en seguida dígase:

Jesús, María y José, proteged a la Iglesia católica, a su cabeza visible el Sumo Pontífice, y protegednos a todos ahora y siempre. Amén.

Jesús, José y María yo os doy el corazón y el alma mía.

Jesús, José y María, amparadme en vida y en mi última agonía.

Jesús, José y María, recibid cuando yo muera el alma mía.

En sufragio de las almas del Purgatorio más devotas de San José, récese un Padre nuestro con Ave María y Gloria.

Durante el mes, recíbase con fervor la sagrada Comunión más de una vez.

Puntos de meditación
Fruto y Jaculatoria Para Todos Los Días
Día 1°
San José, Modelo para el que comulga

1. ¡Cuánto suspiraría San José por ver en sus brazos al Mesías, nacido ya de su Virgen Esposa!

2. ¡Cuánta pureza, cuánto amor, cuánta virtud para merecer un trato tan íntimo con Jesús!

3. ¡Cuánto bien sacaría de este trato con Jesucristo!

Frutos de esta meditación.- Igual dicha puedo tener yo en la mesa eucarística; y así, acudiré a María y José para que me alcancen la gracia de comulgar bien y con mucha frecuencia, y cuando no pueda sacramental mente, a lo menos espiritualmente, como deseo hacerlo en este devoto ejercicio todos los días.

Jaculatoria.- Enseñadme, San José, a recibir y guardar fielmente el Pan de vida que para nuestro bien guardasteis vos.

Día 2°
San José, predestinado
para la Mayor Dignidad después De María

1. ¡San José, predestinado para ser en la Tierra el representante de Dios Padre y de su Santo Espíritu cerca del Verbo humanado!

2. Elegido por el mismo Dios para tanta dignidad, ¡cuán digno sería de ella!

3. Después de la Madre de Dios, ¿puede haber mayor dignidad?

Fruto.- Aprendamos de San José a cumplir fiel y constantemente el fin para que fuimos criados.

Jaculatoria.- Enseñadme, padre adoptivo de la Sabiduría increada, a amar y servir a Dios en el tiempo, para gozar de Él en la eternidad.

DÍA 3º
DESPOSORIOS DE SAN JOSÉ CON MARÍA, MADRE DE DIOS

1. ¡Cuáles serían la gracia y los méritos del predestinado para digno esposo de la dignísima Madre de Dios!...

2. Cuánta sería la pureza y también las demás virtudes del que mereció por Esposa a la Virgen Inmaculada!...

3. ¡Con cuán recta intención y santas disposiciones se prepararía para sus desposorios!...

Fruto.- Nunca olvidemos lo que mereció San José por su gran pureza y santidad, y pidamos siempre su auxilio para tomar estado o emprender cualquier negocio de importancia.

Jaculatoria.- Castísimo esposo de la Inmaculada, hacedme puro de cuerpo y alma, y enseñadme a buscar a Dios en todo.

DÍA 4º
DOLOR Y GOZO DE SAN JOSÉ
EN LA ENCARNACIÓN DEL VERBO

1. ¡Qué pena haber de dejar a su santísima Esposa, no pudiendo pensar, mal de tan pura y amada consorte!

2 ¡Qué gozo al oír la voz del ángel que le descubría el misterio!...

3. Al verse tan honrado, se hace más humilde... aumenta su amor y respeto a María... y alégrase con la proximidad de la redención del hombre.

Fruto.- Aprendamos de San José a no pensar fácilmente mal del prójimo, ni juzgar por las apariencias, que a menudo engañan.

Jaculatoria.- San José, depositario de los secretos divinos, iluminadme en mis dudas, guiadme siempre en todo.

Día 5°
Viaje de San José con la Santísima Virgen a Belén

1. ¡Qué respeto y sumisión a la autoridad de la Tierra! ¡Y sabe San José que María lleva consigo el Poder Supremo!

2. ¡Con qué prontitud obedece!... ¡En qué estación! ¡En qué estado de su Esposa!

3. ¡Cuánto sentiría las penalidades de María Santísima en el viaje!...

Fruto.- San José nos recuerda siempre que obedecer a una autoridad en lo que no se oponga a la ley de Dios, es obedecer a Dios mismo.

Jaculatoria.- San José, conservador del Conservador del mundo, enseñadme la sumisión, la justa obediencia.

Día 6°
San José en Belén

1. Después de un penoso viaje, José no encuentra posada en Belén.

2. ¡En una pobre cueva tiene que refugiarse para el parto de la que va a dar a luz al Redentor del mundo!...

3. ¡Allí, un pesebre por cuna habrá de dar José al mismo Dios!

Fruto.- Detestemos, evitemos el pecado, que es lo único que cierra las puertas de nuestros corazones a

Dios. Abrámoslas por la buena confesión si se la hubiésemos cerrado por el pecado.

Jaculatoria.- Por la buena confesión reconciliadme, San José, con el Juez de vivos y muertos, que os miró como padre.

Día 7°
Delicias de San José en la Cueva de Belén

1. ¡Al Hijo del Eterno Padre recibe en sus brazos José!

2. ¡Los ángeles bajan a adorar al Niño divino!... ¡Le adoran sencillos pastores y santos Reyes!...

3. ¡Cuánto regocijo para José! ¡Cuánta gloria en aquella cueva!

Fruto.- Estas delicias y esta gloria inundarán nuestros corazones siempre que, limpios por la gracia, recibamos al Autor de ésta, Jesús, a quien recibió en sus brazos San José.

Jaculatoria.- San José, depositario del Pan de eterna vida, alimentadme con este manjar de vivos, para que ya no viva yo, sino que Jesús viva en mí.

Día 8°
Dolor de San José en la circuncisión
y presentación de Jesús al Templo

1. ¡Qué dolor para San José ver derramar la sangre del divino Niño!... ¡Oír que ha de servir de ruina a muchos!

2. ¡Oír que una espada de dolor ha de atravesar el Corazón de María!

3. ¡Considerar la ingratitud de los hombres a tanto amor de Dios!...

Fruto.- Sea verdadero, eficaz, nuestro propósito de no más pecar, a fin de que nuestro Redentor no haya derramado inútilmente por nosotros su preciosísima sangre.

Jaculatoria.- Alcanzadme, San José, contrición sincera y eficaz propósito de no pecar, para que me aproveche la sangre de Jesús.

Día 9°
Gozo de San José en la circuncisión y presentación de Jesús al Templo

1. ¡Qué gozo para San José oír que el Hijo de María ha de llamarse JESÚS, esto es, Salvador!...

2. ¡Qué gozo al considerar que la preciosa sangre de Jesús aprovecharía a muchos que darían gloria a Dios!...

3. ¡Cuánta caridad demuestra San José en este gozo por la gloria de Dios y la salvación de los hombres!...

Fruto.- Imitemos a San José en su grande amor al prójimo, inseparable del amor a Dios.

Jaculatoria.- Alcanzadme, San José, verdadera caridad para todos, y celo puro y discreto del bien ajeno, principalmente espiritual.

Día 10
Dolor de San José en la Huida a Egipto

1. ¡Qué dolor al oír el aviso de la persecución de Herodes!... ¡Y haber de huir a Egipto con Jesús y María!

2. ¡Cuánta pena por el camino, y más por la de Jesús y María!

3. ¡Cuántas penas en aquel destierro, en medio de un pueblo idólatra! ¡Sin saber cuánto duraría!...

Fruto.- Aprendamos de San José a ser sufridos y mortificados, y a tener una viva fe, aun cuando parezca que Dios nos abandona en medio de la mayor tribulación.

Jaculatoria.- Alcanzadme, San José glorioso, una viva fe, y con ella sepa imitar vuestra ejemplar mortificación.

DÍA 11
GOZO DE SAN JOSÉ EN EGIPTO

1. ¡Qué gozo al pensar que sufría por salvar a Jesús!...

2. ¡Verse escogido para amparo de Jesús y María en aquel destierro!...

3. ¡Y ver caer los ídolos a la presencia de Jesús!...

Fruto.- Imitemos a San José en la fortaleza que le animaba en las penas, y veremos caer de nuestros corazones los ídolos de las afecciones terrenales, para no buscar consuelo más que en el servicio de Dios.

Jaculatoria.- Alcanzadme, San José, fortaleza en el ejercicio práctico de la virtud, y el consiguiente gozo que da la paz interior, la paz del alma.

DÍA 12
GOZO Y DOLOR DE SAN JOSÉ AL SALIR DE EGIPTO

1. ¡Cuánta alegría al saber que se acababa su destierro!...

2. ¡Cuánta pena por ver sufrir a Jesús y María en tan largo viaje!

3. ¡Con qué sumisión y confianza lo emprende, no obstante!... La compañía de Jesús y de María le animan.

Fruto.- A imitación de San José, anímenos en las aflicciones y necesidades la presencia de Dios, que nunca nos deja.

Jaculatoria.- Enseñadme, San José, compañero inseparable de Jesús, a andar de continuo en la presencia de Dios para no pecar.

DÍA 13
DOLOR Y GOZO DE SAN JOSÉ EN SU REGRESO DE EGIPTO

1. ¡Cuántas nuevas penas en este viaje!...

2. ¡Qué dolor al saber que Arquelao era tan cruel como su padre, Herodes!...

3. ¡Qué gozo al oír la voz del ángel, que le consuela y manda que se retire a Galilea!

Fruto.- En estos dolores y gozos de San José nos muestra la divina Providencia que nunca falta cuando, de veras y con fin recto, se confía en ella.

Jaculatoria.- San José, que tuvisteis autoridad sobre el supremo Arbitro de todo, alcanzadme una esperanza firme.

DÍA 14
DOLOR DE SAN JOSÉ EN LA PÉRDIDA DE JESÚS

1. ¡Qué dolor para San José haber perdido el mejor tesoro, cuyo valor inmenso conocía bien!...

2. ¡Qué pérdida para el varón justo la del Supremo Bien, que el Eterno Padre le confiara!...

3. ¡Qué tres días de amargura para su corazón, los que pasó buscando al que más amaba! ¡Y ver la pena de María!...

Fruto.- Si tuviésemos la desgracia de perder a Dios por el pecado, imitemos a San José cuando buscaba a

Jesús, no descansando hasta haberle recobrado con la gracia.

Jaculatoria.- Guardadme, San José, para que no pierda a Jesús por el pecado, y sea cada día más diligente en servirle.

DÍA 15
GOZO DE SAN JOSÉ AL ENCONTRAR A JESÚS

1. ¡Cuánto es el gozo de San José al encontrar a Jesús en el templo, adonde había vuelto con María para buscar ya sólo en la oración su consuelo!...

2. ¡Cuánto aumenta su gozo al verle sentado en medio de los Doctores, derramando ya las luces de su doctrina!...

3. ¡Con cuánta satisfacción volvería a Nazaret, meditando lo que había visto y oído!...

Fruto.- Aprendamos de San José, en esta meditación, a recurrir a la oración en todas las tribulaciones y necesidades, y buscar nuestro mayor consuelo en el templo.

Jaculatoria.- Alcanzadme, San José, fervor y perseverancia en la oración.

DÍA 16
SAN JOSÉ EN NAZARET

1. ¡Cuán deliciosa pasaría San José la vida en la continua contemplación de la santidad de Jesús y María!...

2. ¡Cuánto ganaría su alma en los íntimos y amorosos coloquio» con su Dios y Señor y la digna Madre de Dios!...

3. ¡Con qué celo y constancia se dedicaría al trabajo para ganar el sustento a quien es el sustento del universo!...

Fruto.- Aprendamos de San José a huir del bullicio del mundo y vivir cerca de Jesús, amar el trabajo y el cumplimiento de nuestros deberes. ,

Jaculatoria.- Alcanzadme, San José, amor al trabajo y al retiro, para conseguir el descanso eterno.

Día 17
Amor de Jesús y María a José

1. ¡Jesús, el Unigénito del Padre, Dios mismo, sujeto obediente y sumiso a San José durante treinta años!...

2. ¡María, la criatura más privilegiada, inferior sólo a Dios, sumisa y complaciente con San José treinta años!...

3. ¡Cuántas y cuán continuas pruebas de amor darían Jesús y María al que respetaban como a jefe de familia !...

Frutos.- Meditemos bien, y nunca lo olvidemos, que no encontraremos otro amor como el de Jesús y María.

Jaculatoria.- Jesús, María y José, ayudadme a hacerme cada día menos indigno de vuestro amor.

Día 18
Amor de José a Jesús y María

1. ¡Cuánto se humilla nuestro Santo al oír llamar a Jesús el hijo de José! Conoce quién es Jesús.

2. Si en el exterior recibe sumisión de Jesús por acatar los decretos divinos, ¡cómo le respeta, ama y adora en su interior!

3. Al verse a la cabeza de familia tan sagrada, ¡cuán obligado se siente a mayor solicitud y amor para Jesús y María!

Fruto.- Aprendamos de San José el gran tesoro de la humildad y la debida correspondencia a las gracias y mercedes recibidas de lo Alto.

Jaculatoria.- Enseñadme, San José, la verdadera humildad y la correspondencia a los favores de mi Dios.

DÍA 19
MUERTE PRECIOSÍSIMA DE SAN JOSÉ

1. Muere San José asistido con el más puro afecto y la más tierna solicitud por la misma Madre de Dios; ¿puede haber más dulce y feliz muerte?

2. Muere San José en los brazos de Jesús, en los brazos del mismo Dios; ¿puede haber muerte más dichosa?

3. El varón justo no muere; se duerme tranquilo en un éxtasis del más puro amor de Dios.

Fruto.- Imitemos la santidad de vida de José si queremos que nuestra muerte se asemeje a la suya.

Jaculatoria.- Jesús, María y José, asistidme para que muera en vuestro amor.

DÍA 20
EXCELENCIAS DEL NOMBRE DE JOSÉ

1. El nombre José, esto es, acrecentamiento o aumento, presagiaba bien los progresos que haría José en la santidad.

2. Este nombre, que, según muchos Santos Padres, fue inspirado por el Cielo, ¡cuán estimado y bendecido debía ser por Jesús y María!

3. Este Santo es el único que ve su nombre casi continuamente unido a los sagrados de Jesús y María.

Fruto.- En todo peligro invoquemos con fervor estos tres dulcísimos nombres, y procuremos vivir y morir con ellos en la boca y en el corazón.

Jaculatoria.- Jesús, María y José, sean siempre vuestros nombres bendecidos; sean siempre mi escudo y mi defensa.

Día 21
San José, lleno de méritos

1. ¡Cuántos méritos ganaría San José con sus trabajos para el sustento del Hombre-Dios y de su digna Madre!...

2. Cuántos, sufriendo por tan divinos ser es!...

3. ¡Cuántos, por el celo y el amor con que siempre les sirvió!

Fruto.- Imitemos a San José, no buscando méritos más que en el cumplimiento fiel y constante de la ley santa del Señor.

Jaculatoria.- San José, lleno de méritos, enseñadme a no buscar méritos ni gloria más que en el servicio de Dios.

Día 22
San José, lleno De Gracia

1. ¡Cuántas luces y cuánto ardor de amor divino recibiría San José del Sol de Justicia, que tuvo tan cerca de sí durante treinta años! 2. ¡Cuántas gracias y mercedes de la eterna Fuente de todas ellas recibiría!...

3. ¡Cuántas, por medio de su Esposa, dispensadora de las de Dios!...

Fruto.- Consideremos, y nunca olvidemos, que no hay mejor intercesor que San José para con Jesús y María.

Jaculatoria.- San José, guardián de la Fuente de todas las gracias y del canal por donde éstas pasan, dejadme beber siempre del agua de la vida.

DÍA 23
SAN JOSÉ, MODELO DE JUSTICIA

1. ¡Cuán justo para con el Señor, por haberse dedicado siempre al cumplimiento de la divina voluntad y a la gloria de Dios!...

2. ¡Cuán justo para con el prójimo, amando a todos con la más pura caridad por amor de Dios!...

3. ¡Cuán justo para consigo mismo, no buscando jamás otras ventajas que las convenientes a su santificación!...

Fruto.- Sed siempre, San José, nuestro modelo para cumplir fiel y constantemente todos nuestros deberes.

Jaculatoria.- Guiadme siempre, San José, modelo de justos, por el camino verdadero de la perfección cristiana.

DÍA 24
SAN JOSÉ, VARÓN JUSTO

1. San José fue varón justo, porque poseyó todas las virtudes en grado heroico.

2. ¡Varón justo! Como que hubo de vivir en compañía de lo más santo que hubo en la Tierra, Jesús y María.

3. ¡Varón justo! Como que hubo de intervenir en el misterio de la redención del linaje humano.

Fruto.- Aprendamos de San José a pensar, desear y obrar siempre con toda rectitud y justicia.

Jaculatoria.- Enseñadme, varón justo, San José, la verdadera senda de la rectitud y justicia.

Día 25
Preeminencia de San José en el Cielo

1. Considerando la elevadísima misión para la cual fue predestinado, ¡cuán elevado puesto tendrá en el Cielo!

2. Los particulares servicios que ha prestado a Dios en la Iglesia militante nos dirán su grado de gloria en la triunfante.

3. ¡Qué trono de gloria corresponde al digno esposo de la excelsa Emperatriz del Cielo y de la Tierra!

Fruto.- Si queremos gozar eternamente con San José en el Cielo, como él perseveremos por el buen camino hasta morir en gracia del Señor.

Jaculatoria.- Alcanzadme, infatigable San José, lo más necesario: la perseverancia final.

Día 26
San José honrado de Todos Los Santos

1. Todos los Santos han honrado de un modo especial a la Madre de Dios; ¡cómo no habían de honrar al digno esposo de la Señora!...

2. Después que Jesús y María han respetado y honrado tanto a San José, ¡cómo le honrarán todos los justos y bienaventurados!...

3. ¡Cuánto han ensalzado las glorias de San José los más célebres Doctores de la Iglesia!...

Fruto.- ¡Cuánto debemos honrar y venerar a San José, tan honrado por los Santos, por la Reina de todos los Santos, por Dios mismo!...

Jaculatoria.- Bendito seáis, San José, Príncipe de los Patriarcas; alabado y venerado seáis por todo el mundo.

Día 27
Poder de San José

1. El único hombre que en la Tierra fue depositario de la autoridad del Padre Eterno sobre su Unigénito Hijo, ¡qué valimiento tendrá cerca del trono de Dios!...

2. Después del respeto y la sumisión que Jesús y María tuvieron a San José en la Tierra, ¡cuán natural es que le presten en el Cielo todo su poder!...

3. La Beatísima Trinidad se complace en que María sea la dispensadora de todas las gracias. ¡Cuánto se complacerá la Emperatriz del Cielo en que, por conducto de su fiel consorte San José, pasen a sus hijos adoptivos!...

Fruto.- Recurramos al tan poderoso patrocinio de San José en todo peligro, en cualquiera necesidad.

Jaculatoria.- Vuestro poderosísimo patrocinio imploro para siempre, glorioso Patriarca San José.

Día 28
Caridad Inefable de San José para con Los Hombres

1. ¡Cuánto amará, sin duda, San José a los hijos del dolor de María!...

2. ¡Cuánto amará a los redimidos con la sangre sacratísima de Jesús!...

3. ¡Cuánto amará a los que fueron causa de su elevadísima dignidad y sus consiguientes gracias y privilegios!...

Fruto.- Amemos, pues, siempre y de todo corazón a un Santo que nos ama por tan elevados motivos, y confiemos en su amor.

Jaculatoria.- Pues tanto me amáis, San José, ayudadme vos mismo a amaros como merecéis, o al menos cuanto pueda.

Día 29
Devoción a San José y confianza en su protección

1. La dignidad de San José, sus méritos, sus títulos, sus gracias y su gloria nos dirán la ventaja de tenerle gran devoción.

2. Su poder, su valimiento, su amor, ¡cuánta confianza inspiran!...

3. ¡Cuán del agrado de la Santísima Trinidad y de la que fue su templo, María siempre pura, será la devoción a San José !...

Fruto.- Lo mejor de la devoción a San José sea la constante imitación de todas las virtudes de este modelo de virtud para todos los estados.

Jaculatoria.- En vuestro patrocinio confío, San José, esposo de la Reina de todos los Santos, principalmente para santificarme.

Día 30
San José, Protector de la Iglesia, Nuestra Madre

1. ¡Cuán excelente protector de la Iglesia será el que fue escogido para cuidar y proteger a su divino Fundador!...

2. El que cuidó, conservó, amó y ama sobre todo a la cabeza de la Iglesia, Jesucristo, ¡cuánto amor tendrá a este cuerpo místico!, ¡cuánto intercederá por él!...

3. ¡Cuánto ha de estimar y proteger la Iglesia, nuestra Madre, la devoción de sus hijos a San José, su especial protector!

Fruto.- Como buenos hijos de la Iglesia católica, roguemos sin cesar a este su poderoso abogado por las necesidades de la misma, y para que nos conserve sumisos a ella, fuera de la cual no hay salvación.

Jaculatoria.- Glorioso San José, continuad intercediendo por las necesidades de la Iglesia, y con vuestro auxilio, con servadme siempre fiel a sus divinos preceptos, dócil a los consejos de su maternal cariño.

Día 31
San José, modelo de todos los estados

1. Modelo de los solteros, por su rara pureza y laboriosidad.

2. Modelo de los casados, por su resignación en las adversidades. 3. Modelo de los padres, por sus fatigas en alimentar a Jesús y a María, y no. separarse de su lado. 4. Modelo de sacerdotes, por su humildad y santidad en tratar a Jesús.

Fruto.- En el estado a que pertenezco tomaré por modelo a San José, venciéndome en aquella pasión o defecto que me impida imitarle.

Jaculatoria.- Por Jesús y por María os pido, mi santo Patriarca, que os intereséis para que cumpla cristianamente las obligaciones y virtudes de mi estado.

Oración para terminar el mes

¡Bondadoso protector mío, dignísimo esposo de María y celosísimo padre adoptivo de Jesús! Al considerarme dichoso por haber podido obsequiaros en el mes que os he dedicado, hoy, su último día, quiero protestaros de mi devoción hacia vos.

Con todas las veras de mi corazón os prometo, pues, poner en vuestro patrocinio toda mi confianza, aprovechar todas las ocasiones en que pueda tributaros algún obsequio, inculcar vuestra devoción, y, sobre todo, imitar vuestras virtudes.

A vos me encomiendo, suplicándoos que me asistáis en todos los instantes de mi vida, y que en la hora de la muerte vengáis a auxiliarme, recibiendo mi alma y presentándola a Jesús y a María, a quienes, como a vos, deseo alabar y servir con todos mis pensamientos, palabras y acciones, y con todas mis potencias y sentidos. Así sea.

ORACIONES DIVERSAS

Para alcanzar por intercesión de San José el remedio de diferentes necesidades espirituales o temporales.

ORACIÓN PARA LA CONSAGRACIÓN DE LAS FAMILIAS CRISTIANAS A LA SAGRADA FAMILIA

¡Oh amabilísimo Jesús, Redentor nuestro, que habiendo bajado del Cielo a la Tierra para iluminar al mundo con tu ejemplo y doctrina, quisiste pasar oculto en la casa de Nazaret la mayor parte de tu vida mortal, sujeto a María y a José, y te dignaste consagrar aquella familia, que debía servir de modelo a todas las familias cristianas!

Recibe y haz tuya esta familia que ahora se consagra enteramente a ti. Dígnate protegerla, custodiarla y confirmarla con tu santo temor, dándole la paz y la concordia de la caridad cristiana, a fin de que, imitando os ejemplos de tu casita de Nazaret, alcancen todos la vida eterna.

¡Oh María, Madre amantísima de Jesucristo y Madre nuestra! Dígnate interponer tu piedad y clemencia para que reciba Jesús esta nuestra consagración y nos prodigue sus favores y bendiciones. ¡Oh José, santísimo guardián de Jesús y de María! Socórrenos en todas nuestras necesidades de cuerpo y alma, para que contigo y la bienaventurada Virgen María podamos alabar y bendecir eternamente agradecidos al divino Redentor Jesucristo.

ORACIÓN QUE SE DEBE REZAR DIARIAMENTE ANTE LA IMAGEN DE LA SAGRADA FAMILIA

¡Oh amantísimo Jesús, que con tus inefables virtudes y los ejemplos de tu vida oculta consagraste la familia que escogiste en la Tierra para tuya! Arroja una mirada de clemencia sobre los moradores de esta casa, que, postrados a tus pies, te ruegan le seas propicio.

Acuérdate que eres dueño de esta casa, porque se ha entregado y consagrado exclusivamente a ti. Guárdala con benignidad, aleja de ella los peligros, socórrela en las necesidades, planta en ella las virtudes que tan hermosas florecieron en la tuya de Nazaret, para que, entregada con fidelidad a tu amor y servicio toda la vida, pueda eternamente cantar en el Cielo tus alabanzas. ¡Oh María, Madre dulcísima! Tu socorro imploramos, seguros de que tu Unigénito acogerá tus súplicas.

Y tú, gloriosísimo Patriarca San José, socórrenos con tu poderoso patrocinio, y deposita nuestras oraciones en manos de María para que se las presente a Jesucristo.

300 días de indulgencia, que pueden ganarse diariamente por los que se consagran a la Sagrada Familia, según la fórmula publicada por la Sagrada Congregación de Ritos. León, Papa XIII.

Jesús, María, José, iluminadnos, socorrednos, salvadnos. Así sea.

200 días de indulgencia, que pueden ganarse una vez todos los días. León, Papa XIII.

Oración a San José por la Iglesia

A vos, ¡oh bienaventurado José!, acudimos en nuestra tribulación; y después de haber implorado el amparo de vuestra Esposa santísima, pedimos también encarecidamente y llenos de confianza vuestro patrocinio. Por la caridad que os unió con la Inmaculada Virgen Madre de Dios, y por el amor paterno con que estrechasteis en vuestros brazos al Niño Jesús, os rogamos suplicantes que miréis benigno a la herencia que Jesucristo nuestro Señor adquirió con su sangre y que nos socorráis con vuestro poder y amparo en nuestras necesidades.

Proteged, ¡oh custodio providentísimo de la divina familia!, al linaje escogido de nuestro Señor Jesucristo; apartad de nosotros, padre amantísimo, la peste de errores y corruptelas; sednos propicio, salvador nuestro poderosísimo, y estad con nosotros desde el Cielo en la lucha que sostenemos contra el poder de las tinieblas, y así como en otro tiempo librasteis de la muerte al Niño Jesús, defended a la Iglesia santa de Dios de las asechanzas de sus enemigos y de toda adversidad.

Amparad también a cada uno de nosotros con vuestro perpetuo patrocinio, para que, a ejemplo vuestro y sostenidos por vuestros auxilios, logremos vivir santamente, morir piadosamente y gozar de la bienaventuranza eterna en los Cielos. Amén.

Indulgencia de siete años y siete cuarentenas cada vez que se rece devotamente esta oración. León XIII, agosto 15 de 1889.

Oración para pedir a San José su amor y el de Jesús y María

¡Oh purísimo corazón de San José, de todos los corazones, después de los de Jesús y María, el más puro, el más santo, el más amante, el más humilde y perfecto! Haz que mi corazón se inflame y encienda en tu amor. Yo quiero que tu corazón, después de los de Jesús y María, sea el objeto de mis respetos, homenajes y alabanzas.

Yo protesto que, después del amor y la gloria de mi Salvador y su purísima Madre, tu gloria y tu amor, dulcísimo José mío, serán el mayor encanto y regalo de mis pensamientos, la más dulce aspiración de mis deseos y el más ansiado fruto de mis acciones.

¿Qué otro corazón deseó tan ardientemente como el tuyo que se extendiese y reinase el amor de Jesús y María? Haz, pues, que la llama de este amor arda en mi corazón, que lo penetre, lo abrase, lo posea y lo consuma. Alcánzame la gracia de que en los ardores de este amor divino exhale mi último suspiro, y que las postreras palabras que pronuncien mis labios moribundos y balbucientes sean los nombres sagrados, los dulces y amables nombres de Jesús, María y José. Amén.

Oración pidiendo a San José su Patrocinio

¡Oh glorioso San José! Por tu profundísima humildad, por tu mansedumbre inalterable, por tu paciencia invencible, por tu pureza angelical y por la perfectísima fidelidad que te hizo puntual imitador de las virtudes de Jesús, te pido me consueles en todas mis penas, me dirijas en mis dudas, me defiendas en las tentaciones y extiendas tu brazo contra todos mis enemigos, visibles e invisibles, rompiendo y desbaratando los lazos y celadas que tienden y arman contra mí.

¡Oh mi amado San José!, ruega también a Jesús por el triunfo de la Santa Iglesia, por el Romano Pontífice, los Obispos, los sacerdotes y todas las Órdenes religiosas; ruega por la perseverancia de los justos, por la conversión de los pecadores y por el regreso de los herejes y cismáticos al seno de la Iglesia. Protege y defiende nuestra patria, y haz que prosperen en ella la religión, la justicia, la paz, la virtud y las buenas costumbres. Oye, pues, nuestras súplicas, escucha nuestros clamores, enjuga nuestras lágrimas y haznos dignos de alabar en el Cielo a la Santísima Trinidad, que te ha coronado de tanta gloria. Amén.

ORACIÓN PARA ALCANZAR LA PAZ INTERIOR

¡Santísimo Patriarca, que en unión felicísima con Jesús y María, hallasteis ocasión de sufrir las más duras penas y trabajos, pero que con vuestra confianza, humildad y resignación merecisteis los más dulces consuelos! Haced que, vencidas todas mis pasiones, desprendido mi corazón de todo afecto terreno, goce mi alma de verdadera paz y tranquilidad.

Alcanzadme una santa indiferencia para que el reposo y la calma de mi corazón no se alteren con los trabajos o favores que Dios me enviare. Enseñadme a hacer buen uso de las penas y consuelos de esta vida, para merecer los deliciosos bienes de la otra. Amén.

ORACIÓN PARA OBTENER EL RECOGIMIENTO INTERIOR

¡Gran Santo, que tuviste la felicidad de conversar muchos años con Jesús y María, y que, por el incesante cuidado que pusisteis en aprovecharos de sus ejemplos y palabras, fuisteis el modelo de la vida interior! Alcanzadme la gracia de velar con cuidado en la guarda de mi corazón, escuchar con atención y docilidad la voz del Espíritu Santo e imitar vuestra fe en todos los misterios de la vida del Salvador.

Estos son mis ruegos, ¡oh glorioso patrón de las almas que aspiran a la vida interior!, a fin de que, con el auxilio de la divina gracia, me santifique yo en todas las ocupaciones de mi estado y lleve una vida recogida e interior, que es el camino más seguro para llegar a la mansión de la gloria. Amén.

ORACIÓN PARA ALCANZAR LA POBREZA DEL ESPÍRITU

¡Gran Patriarca, bendito San José, cuya pobreza preparó el camino a la pobreza evangélica y sirvió de medio para ocultar las riquezas infinitas del Verbo encarnado! Conseguidme un perfecto desinterés, un cristiano desprendimiento de todos los bienes caducos; alcanzadme la estima y el amor de aquella pobreza que nos hace imitadores y discípulos del Hombre-Dios, para que, ajenos a toda codicia terrena, aspiremos a los bienes celestiales que nos ha merecido por su pobreza el que, siendo dueño de todo, no quiso tener en la Tierra donde reposar su cabeza. Amén.

Oración para obtener la virtud de la pureza

¡Purísimo San José, destinado por el Omnipotente para esposo de la gran Madre de Dios, María Santísima, cuya virginidad fue entregada en custodia a la singular pureza de vuestro castísimo corazón! Os suplico con la humildad- más pro funda me alcancéis la gracia de que sean puros mi espíritu, mi corazón y mi cuerpo.

Alejad de mí todos los pensamientos y afectos inmundos; dadme fuerzas para apartarme de todas las personas y lugares que me fueren peligrosos, evitar las lecturas nocivas, guardar mis sentidos y velar incesantemente, a fin de que ninguna impureza ensucie mi corazón y corrompa mi alma.

Alcanzadme esta gracia, padre y protector mío; alcanzádmela, por caridad, y haced que sea pura mi mente en sus pensamientos, pura mi fantasía en sus imágenes, pura mi voluntad en sus actos, puro mi corazón en sus afecto s, puras mis manos en sus obras, puros mis pies en sus pasos; sea yo puro de cuerpo y de espíritu, puro de día y de noche, puro en la soledad y en la compañía, para que, imitando a María y a vos, santísimo José, en esta flor de las virtudes, merezca gozar de vuestra amistad y patrocinio. Amén.

Oración para alcanzar una buena muerte

¡Gran San José, modelo, patrono y consolador de los moribundos! Os suplico me asistáis en el último instante de mi vida, en aquel momento terrible en el cual yo no sé si tendré ocasión siquiera para llamaros en mi auxilio. Haced, os suplico, que yo muera con la muerte de los justos.

Y para merecer esta gracia, obtenedme la de vivir siempre, como vos, en presencia de Jesús y María, sin ofender sus miradas con las manchas odiosas de la culpa. Haced que yo muera desde este momento a todo lo que no es de Dios, y que viva únicamente para Aquel que murió por mí. Abrasad mi corazón en las llamas del amor divino para que al rendir mi espíritu, merezca, como vos, la dicha de rendirlo en las manos de Jesús y María. Amén.

ORACIÓN PARA PONER BAJO LA PROTECCIÓN DE SAN JOSÉ LA INOCENCIA DE LOS NIÑOS

¡Bienaventurado San José, a quien la Beatísima Trinidad hizo custodio de Jesús, que era la inocencia misma, y de María, Virgen Inmaculada!

Proteged la inocencia de estos niños que me están confiados; alejad de ellos el contagio del vicio y de los malos ejemplos; inspiradles odio al pecado y amor a la virtud; hacedles comprender desde sus tiernos años que la felicidad del cristiano consiste en cumplir fielmente la ley santa del Señor; hacedles amar y respetar a la Santa Iglesia, nuestra Madre, y a su Jefe el Soberano Pontífice, y a todos, sus ministros, para que, caminando siempre por la senda de la justicia, conserven puras sus almas y sean dignos de las complacencias del Cordero inmaculado que se apacienta entre azucenas, y de la Reina de las Vírgenes, María Santísima. Amén.

ORACIÓN A SAN JOSÉ, PROTECTOR DE LOS AFLIGIDOS

¡Gloriosísimo Patriarca San José! Os suplicamos humildemente de todo nuestro corazón, por aquella heroica firmeza que mostrasteis en las grandes e innumerables tribulaciones con las que plugo a Dios probar vuestra singular virtud, que nos obtengáis una fuerza semejante y una constancia igual para sobrellevar por amor de Dios todos los que nos abruman en este valle de lágrimas ¡Oh poderoso protector de los desgraciados!

Hacednos recordar en todas nuestras aflicciones que ellas vienen de la mano de Dios y que son la expresión de su voluntad adorable; y cuando lleguemos al término de nuestra vida, concedednos vuestra poderosa protección a fin de que, habiendo soportado con cristiano valor esta última y terrible prueba, podamos, con vuestra asistencia y la de Jesús y María, llegar a aquella venturosa patria en donde nuestras lágrimas se cambiarán en gozo, y nuestra tristeza en alegría eterna. Amén.

ORACIÓN PARA PEDIR CONSUELO EN UNA AFLICCIÓN O ENFERMEDAD

¡Amable San José, mi fidelísimo protector! Os suplico por el gran dolor que sentisteis cuando, circuncidado Jesús, mirabais correr su sangre preciosa, que os dignéis librarme de esta enfermedad y de las penas, dolores y sufrimientos que ella me causa, o a lo menos me obtengáis la gracia de sufrirlos pacientemente. Amén.

ORACIÓN POR LA CONVERSIÓN DE UN PECADOR

¡San José piísimo, tan allegado al Redentor del mundo! Yo os ruego con vivísima instancia por la salvación del alma de N., que Jesús ha rescatado con su preciosísima sangre. Sabéis cuán desgraciados son los que han desterrado de su corazón al divino Salvador, y cuán expuestos están a perderse eternamente. No permitáis, pues, que esta alma permanezca más tiempo en tan funesto y peligroso estado.

Hacedle conocer los peligros que la amenazan; heridle fuertemente el corazón; pedidle a Jesucristo, vuestro Hijo, que con la luz, firmeza y poder de su divina gracia alumbre, rinda y convierta a esta infeliz alma. Emplead, padre mío, bendito San José, todo vuestro valimiento en hacer que este hijo pródigo vuelva al seno del mejor de los padres. No le abandonéis hasta que le hayáis abierto las puertas del Cielo, en donde él y yo os agradeceremos eternamente la felicidad que le habéis procurado. Amén.

ORACIÓN PARA PONER A UN HIJO
BAJO LA PROTECCIÓN DE SAN JOSÉ

Benignísimo San José, destinado por Dios para padre putativo de nuestro divino Redentor: a vos ofrecemos y consagramos este nuestro hijo.

Dignaos ser su protector y su padre; conservad el precioso tesoro de su inocencia; preservadle de todo peligro en el alma y en el cuerpo; inspiradle ya en sus más tiernos años un ardiente amor a vos, a María, vuestra inmaculada Esposa, y a Jesús, su adorable Hijo y Salvador nuestro.

Acompáñele vuestra protección toda su vida, vigilad todos sus pasos, guiadle en todas sus empresas, no le dejéis de vuestra mano en la senda ' de los divinos mandamientos, asistidle en el momento de su muerte e introducidle, finalmente, en la patria bienaventurada, para que cante allí eternamente las divinas misericordias y vuestra paternal bondad. Así sea.

Nota. Esta oración, rezada en plural, puede servir para consagrar a San José varios niños a la vez.

Oración para pedir paciencia en alguna tribulación

Vedme, Santo mío, sumido hoy en tanta aflicción, que mi espíritu, débil e inconstante, está a punto de rendirse si no venís presto a alentarme. Aquel cristiano valor que esperaba tener en las tribulaciones cuando las miraba de lejos, aquella firmeza que tal vez en otras ocasiones, asistido por la divina gracia, he mostrado, están a punto de faltarme del todo.

¿De dónde sacabais, Santo querido, aquella admirable serenidad en vuestros apuros, aquella heroica resignación en vuestros pesares, aquella interior alegría en vuestras privaciones, aquella inquebrantable esperanza en las tribulaciones más acerbas?

¡Oh, Santo pacientísimo! Si vuestro Jesús no quiere por ahora aliviar mi pena, hágase su voluntad, y no la mía; pese sobre mí su cruz, pero pedirle para mí mucha paciencia.

Haced que me anime a padecer la consideración de los dulces consuelos que tuvisteis en medio de vuestras amarguras; que sienta en las mías, por medio de la gracia, la interior presencia de Jesús, ya que no le veo, como Vos, presente ante mis ojos; que comprenda que la magnífica gloria que estáis gozando es en gran parte recompensa de vuestros sufrimientos y premio de vuestra invicta paciencia. Por vuestros acerbos dolores, por los tan agudos de vuestra inocentísima Esposa, por la pasión de vuestro amado Jesús, dadme fuerza para sufrir resignado esta tribulación, a trueque de merecer en el Cielo un grado más de gloria. Así sea.

Oración en favor de un moribundo

Con todo el anhelo de mi corazón, e invocado todo el amor que tenéis y que mostráis a los moribundos, vengo a vuestros pies, benignísimo San José, a rogaros por ese pobre enfermo que está luchando con las ansias de la muerte. Vos conocéis bien los peligros que cercan a las almas en tan críticos instantes, el abatimiento y las tentaciones que ellas experimentan, los supremos esfuerzos que hace el infierno para ganarlas...

¿Qué será de él si no estáis vos con su ángel de la guarda a la cabecera de su cama, alentándole, avivando su fe, esperanza caridad y el dolor de sus pecados, y dispuesto a recoger su espíritu cuando lo exhale? Allí, en torno, están todos sus enemigos, ¿y vos le dejaríais solo con ellos? No me separaré de vuestras plantas, poderoso Santo, sin obtener alguna prenda de que le ayudaréis eficazmente a salvar su alma.

¡Oh, sí, la obtendré porque cosa mejor, y más necesaria, y más urgente, y más conforme a vuestros deseos, y más propia de vuestro patrocinio, no puedo pedírosla! Y por cuanto pudieran ser obstáculo sus pecados, os pido por él con toda mi alma perdón de todos ellos, y os ofrezco, en lo que valgan mis penitencias, y las que vos mismo, las que María, y, sobre todo, las que Jesús por nosotros hizo, que si pudieron salvar un mundo, mucho más podrán salvar esta alma si le son aplicadas, como espero. Así sea.

ORACIÓN POR UN ALMA DEL PURGATORIO

Amorosísimo San José, que tan tiernamente amasteis a Jesús, y tan vivamente sentisteis la privación de su presencia cuando le perdisteis en el templo. Os recomiendo con todo fervor el alma de N., que, lejos tal vez de la beatífica presencia de Dios, está ahora padeciendo en el purgatorio.

¡Oh santo Patriarca! Sed su consuelo en aquel lugar de pena y expiación; dignaos aplicarle los piadosos sufragios de los fieles, particularmente los míos.

Constituíos su intercesor para con Jesús y María, y romped con vuestra poderosa oración sus cadenas, para que pueda lanzarse en el seno de Dios y gozar cuanto antes de la felicidad eterna. Así sea.

Oración para pedir
el alimento necesario a una familia

¡Amabilísimo representante de Dios en la Tierra y nuestro amorosísimo abogado y padre San José! Vos, que constituido por Dios jefe de aquella inocentísima al parque pobre familia, sufristeis todo el peso y trabajo de socorrerla, defenderla, sustentarla y proveerla de lo necesario para la vida, vos pudisteis aprender más que otro alguno cuán grande sea la angustia de aquellos a quienes faltan los medios necesarios de subsistencia y se encuentran agobiados, no sólo por las propias, sino también por las ajenas angustias de las personas queridas.

¡Oh, Santo Patriarca! Por aquellos desvelos y cuidados continuos que formaban aquella bendita providencia a cuya sombra descansaban las prendas de vuestro corazón, Jesús y María, tened también cuidado de nosotros, y haced que se aleje de nuestras casas el infortunio y toda desventura; y como tan piadosísimo que sois, os rogamos nos proporcionéis el cotidiano alimento que es necesario para adquirir la fuerza y la alegría con que sirvamos fielmente al Señor.

Sí, mi amado Santo, por amor de Jesús y María tened piedad de nosotros y consoladnos. Amén.

"Memorare" a San José"

Acordaos, oh castísimo esposo de la Virgen María y amable protector mío San José, que jamás se ha oído decir que ninguno haya invocado vuestra protección e implorado vuestro auxilio sin haber hallado consuelo. Lleno, pues, de confianza en vuestro poder, vengo a vuestra presencia y me encomiendo a Vos con todo fervor.

¡Ah!, no desechéis mis súplicas, ¡oh padre putativo del Redentor!, antes bien acogedlas propicio, y dignaos acceder a ellas benignamente. Amén.

300 días de indulgencia al día si se reza devotamente; y una indulgencia plenaria al mes al que la hubiere reza do todos los días, confesándose, comulgando y visitando una iglesia. Pío IX. 26 de junio de 1863.

Meditaciones
sobre las excelencias de San José

Primera meditación sobre el culto de San José
Preludios

Imagínate ver el Cielo abierto, y allí a Jesús y a María sentados en sus tronos, que invitan a los ángeles y santos a honrar a San José, y pide gracia para conocer los méritos y la gloria de San José, venerarlo debidamente y poner en él toda tu confianza.

Punto 1°. Considera cuán conveniente es que todo cristiano rinda un culto especial al Patriarca San José, tan esclarecido por su dignidad. Es cierto que se suele honrar a cada uno a proporción de su grado o excelencia, bien sea por linaje, o por los honrosos títulos que ha adquirido, o por el puesto en que. está colocado.

Lo mismo sucede en el Cielo, donde el Señor, justo remunerador, distribuye la gloria a sus siervos a medida de sus méritos. Y ¿quién puede entender el alto puesto de gloria a que en el Cielo ha sido levantado San José, y el profundo homenaje que le tributa todo el celestial paraíso?

Él, sin decir nada de su linaje, que para con Dios no tiene valor ninguno sino en cuanto es ilustrado con la virtud, él es el esposo de la Madre de Dios, que es la Señora de los ángeles, la Reina de los Santos, la Emperatriz del Cielo, y tan alta dignidad se refleja en el esposo, el cual está muy cercano a Ella en el empíreo y en trono de especial gloria.

José es el padre putativo de Jesucristo, que es el Rey de reyes y Señor de todos los señores, y si Jesús morando en la Tierra honró y obedeció como hijo sumiso a San José, sin duda que le honra y reverencia también ahora en el Cielo, y por esto lo ha colocado junto a su trono y al de su augustísima Madre, para que reciba los homenajes de todos los ángeles y santos. Y quién jamás de entre los santos más insignes, o entre los serafines más excelsos, pudo decir al Rey de la gloria; "¿Tú eres mi hijo", como mil veces pudo decirlo San José?

¡Oh dignidad sublimísima! ¡Oh Santo sobre todos los santos, dignísimo de toda honra! Si yo no supiese que vos sois tan bueno cuanto sois grande, no tendría ánimo ni aun para nombraros de otro modo que con temor y con el rostro por el suelo. Mas me animo conociendo íntimamente que la alteza de vuestra dignidad no hace sino volveros más benévolo a mis súplicas y más poderoso para el remedio de mi necesidad.

Me alegro con vos y doy gracias con todo afecto a vuestro Jesús y mío, que tanto os ha sublimado para que yo pueda con más seguridad apoyarme en vuestra protección.

Punto 2° Se debe también a San José un culto especial por su santidad. ¡Cuán venerable es la virtud, y digna de toda honra la santidad! Mas ¿quién puede comprender la santidad perfectísima de San José?

Él debió ser y fue muy semejante en costumbres y virtud a la Santísima Virgen, de quien, por voluntad de Dios, fue dignísimo esposo. Él debió ser y fue adornado de gracias y dones singularísimos, como convenía al oficio que ejercitó el padre legal de Jesucristo; por lo mismo, tuvo él en sí reunido cuanto de más santo resplandeció en todos los Patriarcas del Antiguo Testamento, de quienes fue digna corona; más piadoso que Noé, más fiel que Abraham, más paciente que Isaac, más constante que Jacob, más casto que Tose, más manso que David, más justo que todos los justos, esto es, más perfecto en todas las virtudes.

Las obras, las plegarias y los trabajos de San José en la Tierra, dice el doctísimo Suárez, fueron en mérito y valor de santidad más eminentes que los de los demás santos, atendida la más especial unión que tenía con Jesucristo y el más perfecto conocimiento y amor de su divina Persona. Por esto, nuevamente ¡oh San José mío! me alegro con vos, y con todo el corazón bendigo al Señor, que es fuente y principio de toda santidad, de haber tan libremente derramado sus tesoros sobre vuestra alma.

A vos me encomiendo en la extrema privación en que me hallo de toda virtud. Por el afecto que siento hacia vos en mí, y por el culto que os presto, y más por vuestra bondad, alcanzadme que, removida de mí toda tibieza de espíritu y relajación de corazón, me aplique de veras a conseguir las virtudes, la santidad y perfección que mi estado exige.

Punto 3º Se debe a San José un culto especial por su poder. ¿Quién no busca aquí en la Tierra un poderoso protector para acudir a él en sus necesidades? Pues, gracias sean dadas a Dios, yo lo he hallado, y lo he hallado poderosísimo, no aquí en la Tierra, sino allá en el Cielo: he hallado a San José. ¡Oh qué protector! ¡Tan grande! ¡Tan bueno! ¡Tan poderoso!

¿Qué no puede alcanzar San José para sus devotos? Pedirá gracias para ellos a María, su Esposa, ¿y las negará Esta a su amado esposo? Las pedirá a Jesús, su Hijo, y se las pedirá en cierto modo con autoridad de padre; le alegará los títulos que tiene para obligarle: le hará presente que lo educó, lo alimentó, lo vistió, lo sirvió, lo libró de las asechanzas y peligros de muerte, ¿y Jesús negará nada a su dulcísimo padre? San José puede todo en el Cielo, y sus peticiones jamás son rechazadas.

El poder amplísimo que confirió Faraón a José en Egipto no fue sino una sombra del poder dado a San José, ante quien parece que se complace el Señor en enviar a los que le piden gracias: *Ite ad Joseph*; y a quien, como lo dice la Iglesia, ha constituido en señor de su casa, príncipe de todas sus posesiones y árbitro dispensador de todos sus tesoros.

¡Afortunados devotos de San José, vosotros no quedaréis jamás privados de ayuda acudiendo a su gran patrocinio! "Ruego, por amor de Dios —dice Santa Teresa— que haga la prueba quien no me crea, y verá por experiencia el gran bien que es encomendarse a este glorioso Patriarca y serle devoto".

¡Oh amado Santo mío! Por tercera vez me alegro con vos del altísimo poder que tenéis para socorrerme; doy gracias, bendigo y ensalzo al piadosísimo Dios, que me ha dado a vos por protector, y ha puesto en vuestras manos sus tesoros, para que a vuestro agrado los dispenséis. ¡Ea!, recibidme bajo vuestro poderoso y amorosísimo patrocinio en vida y en muerte, para que siga una vida digna del nombre y profesión de cristiano, y tenga una muerte que sea para mí el principio de eterna vida. Amén.

SEGUNDA MEDITACIÓN SOBRE LA MANERA DE HONRAR A SAN JOSÉ

Punto 1° Considera que se debe honrar a San José con el afecto del corazón. ¡Cuán digno de ser honrado es San José!

Si la virtud y santidad, si la bondad y la liberalidad roban el corazón tanto, que se siente uno como necesitado al amor de quien está adornado de ellas, ¿quién, después de Jesús y María, puede merecer mejor nuestro amor que San José? ¿Quién más santo que él? ¿Quién más perfecto en todas las virtudes? ¿Quién más afable y compasivo? ¿Quién más liberal y generoso en distribuir gracias y favores? ¿Quién más dulce y amoroso?

Nada hay de austero en el santo Patriarca, nada que infunda temor; al contrario, todo respira en él benevolencia, amabilidad, benignidad y dulzura. ¡Oh, Santo mío! Al contemplaros al lado de vuestra purísima Esposa, María, ya cuando la conducís a Belén y allí os afanáis en prepararle un albergue, y no hallándolo os alojáis en un establo; ya cuando con Ella vais al templo o peregrináis a Egipto, o cuando en su compañía trabajáis en el taller de Nazaret; al contemplaros con el amado Niño en los brazos, y que lo estrecháis amorosamente contra vuestro corazón, y él se os abraza al cuello, y os hace caricias, y os da tiernos ósculos, ¡oh cuán amable me parecéis, dulcísimo Patriarca!

¡Oh, mi corazón queda aprisionado de vuestra bondad! Vos siempre dulce, manso, sereno y afable, ¿cómo no os debo amar? Sí, amado Santo mío, os amo con todo mi afecto, y después de Jesús y María, a vos ofrezco y consagro todo mi corazón.

Creo que con amaros doy grandísimo gusto a vuestra dulcísima Esposa, y causo gran placer a vuestro amado Hijo, los cuales, como os aman a vos más que a toda otra criatura, no pueden menos que agradarse de que yo mucho os ame. ¡Ojalá os ame yo con el mismo amor de Jesús y María, y pudiese atraer a todos los hombres a vuestro amor, oh santo amabilísimo!

Punto 2° Se debe dar culto especial a San José con las obras. La prueba sincera del amor son las obras. Por lo cual, considera que la devoción a San José debe ser en ti conservada, alimentada y manifestada con los obsequios que le pueden ser gratos y aceptos. Venerar sus imágenes, visitar sus altares, invocar su nombre, hacer memoria de sus dolores y alegrías, hacer triduos y novenas en preparación de sus fiestas; santificar en su honor el mes de marzo y los siete domingos siguientes; consagrarle tu persona y cuanto te pertenece; promover su culto con exhortaciones, con libros e imágenes; dar limosna en su obsequio; oír la Santa Misa, uniendo tu intención a la que tuvo el Santo Patriarca cuando ofreció al Eterno Padre la sangre preciosísima que Jesús derramó en la circuncisión.

Y cuando hizo en el templo el ofrecimiento del divino Niño el día que fue la Virgen a cumplir la ley de la purificación: he aquí los obsequios con que puedes manifestar al Santo el afecto que le tienes y la reverencia que le profesas.

Sírvete ya de uno, ya de otro, para acrecentar como con alimento oportuno y guardar en tu corazón siempre viva la llama de su amor. ¡Cuánto lo estimará el Santo, y cuán largamente te remunerará!

No pase día, como lo ordenó Jesucristo a Santa Margarita de Cortona, que no te postres a sus pies para honrarlo y venerarlo. ¡Oh, dichoso vos, Santo Patriarca mío! Confieso aquí, a vuestros pies, mi pasada negligencia en honraros y mi tibieza en amaros, a pes ar de haber recibido de vos tantas gracias. ¡Perdonadme! No será así en adelante. Yo os prometo que no pasar a día sin que yo os manifieste con algún obsequio devoto mi reconocimiento, mi amor y la confianza que en vos he puesto.

Punto 3° Se ha de rendir un culto especial a San José con la imitación de sus virtudes. La substancia y como la flor de la devoción está puesta en la imitación de las virtudes del Santo a quien se quiere venerar. La conformidad de genio y de costumbres ata los corazones y los une con recíproco afecto. Po r lo cual, si deseas ser sincero devoto de San José, toma por regla y medida de tu devoción el cuidado y deseo que tienes de copiar en ti sus virtudes sublimes.

¿Está en ti fervoroso el amor de Dios, de modo que observes fielmente, a imitación de San José, sus santos mandamientos y cumplas su divina voluntad? ¿Te aplicas a copiar en ti su paciencia en los trabajos, su tolerancia en las injurias y su resignación en las adversidades? ¿Procuras ser, a imitación del Santo Patriarca, manso, benigno, puro y limpio de toda mancha y suciedad de pecado?

¡Oh! Si esto haces, consuélate, porque tu culto es, sin duda, grato al Santo Patriarca, y él te tendrá siempre bajo su especial protección. Mas si, por el contrario, te contentases con rezarle con sólo los labios cualquier oración, o con practicar exteriormente algún ejercicio de poco momento, y después no tienes cuidado de huir la ofensa de Dios, de guardar la pureza de corazón, de ser caritativo con el prójimo, y te entregas en brazos del vicio, te das al contentamiento de los sentidos, a la satisfacción de perversas inclinaciones ; si eres altanero, soberbio, indevoto, impaciente, inmortificado y lascivo, ¡oh! en vano te lisonjeas entonces de ser devoto de San José, pues no gozarás de su favor y protección.

Resuélvete, pues, resuélvete de veras a rendirle un culto tal que te estimule a la consecución de las virtudes que más resplandecieron en el Santo, y así tu culto será de todo su agrado y de grande provecho tuyo. ¡Oh Santo mío amabilísimo! Me avergüenzo de haber estado hasta aquí cargado, como estoy, de pecados y defectos, privado de toda virtud.

¡Cuán engañado he estado hasta ahora! Me persuadía de ser vuestro siervo y devoto, y no cuidaba de conseguir las virtudes con que, imitándoos, os agradase. Ahora salgo, gracias a vos, de tan funesto engaño.

De aquí en adelante, ¡oh amado Santo mío!, me aplicaré a reformar mi vida, a enmendar mis costumbres, a huir del pecado y ejercitar las virtudes; especialmente propongo sufrir a mis prójimos, conformarme con mi estado y resignarme en los trabajos que Dios me mande, y que merezco por mis pecados; esta es la resolución que tomo en vuestra presencia para ser digno de vuestro afecto y merecedor de vuestra protección. ¡Ea! ¡Alcanzadme valor con vuestra intercesión para que sea fiel y constante en mantener este propósito!

TERCERA MEDITACIÓN SOBRE LA UTILIDAD DEL CULTO DE SAN JOSÉ

Punto 1° Considera que el culto especial de San José es utilísimo a todo cristiano, primero para su bien espiritual.

La bondad de San José es igual a su poder; por lo mismo, es propensísimo a distribuir a sus devotos las gracias de que es dispensador. lo mismo es fácil conocer que Dios hace un señalado favor a quienes inspira e infunde tan santa y provechosa devoción.

Considera, para incitamiento de tu confianza en San José, lo que dejó escrito Santa Teresa, a saber: que a los demás santos parece que Dios haya hecho gracia de poder socorrer a sus devotos en una especial necesidad, mientras a San José la ha hecho amplísima de poder socorrerles en todas. Esto mismo han enseñado después de Santa Teresa otros muchos insignes escritores. Si quieres, pues, don de oración y de espíritu interior, San José es el gran maestro; si deseas luz en las dudas, San José es el gran consejero; si deseas fortaleza en las tribulaciones, San José es el gran confortador.

Acude a San José para vencer los asaltos del sentido rebelde, que es singular privilegio suyo alcanzar una muy limpia castidad. Invoca a San José en todas las tentaciones, pues los demonios temen su nombre. Son dones suyos la paz y concordia entre las familias y el buen comportamiento de los hijos.

Acudiendo a San José se facilita el salir del pecado y la sincera conversión a Dios; rogando a San José se alcanzan todas las virtudes, como escribe San Francisco de Sales, y especialmente "una santísima pureza de cuerpo y alma, la amabilísima humildad, la constancia, la fortaleza y la perseverancia, virtudes que nos harán victoriosos de nuestros enemigos en esta vida, y nos merecerán la gracia de ir a gozar las recompensas eternas preparadas a los imitadores de San José" ¿Quién, pues, no querrá dar un culto especial al Santo Patriarca, viéndolo tan ventajoso para la salvación de la propia alma?

Punto 2° El culto especial a San José es útil aun para el bien temporal. Considera que San José extiende su poder y su bondad sobre sus devotos que en cualquier modo son oprimidos de calamidades y se hallan en necesidad.

Santa Teresa refiere de sí misma, que en su juventud fue acometida de una mortal enfermedad que resistía a todo remedio, y que recurriendo entonces a los médicos del Cielo, tomó por abogado y protector glorioso a San José, se le encomendó de corazón, y "vio —son palabras suyas—, vio con evidencia que de esta necesidad y de otras mayores, este padre y señor la sacó libre, mejor que ella supiese pedírselo" ; y añade "no acordarse de haberle pedido cosa alguna que haya dejado de concedérsela, y que le causaban maravilla las grandes gracias que Dios le había hecho por medio de este bendito Santo, y los peligros de que la había librado".

Y alega la razón de esto, diciendo que "el Señor quiere darnos a conocer que, así como Él le estuvo sujeto en el mundo, así en el Cielo hace cuanto le pide". Y asegura que esto lo experimentaron otras varias personas a quienes persuadió a que se le encomendasen.

Ten, pues, por cierto que, a semejanza de Santa Teresa, innumerables enfermos recobraron estable salud por la intercesión del Santo Patriarca; muchos fueron librados por él de peligros de naufragios, de incendios, de salteadores de caminos; muchos fueron curados o preservados de la peste y de infecciones maléficas; innumerables fueron socorridos en la pobreza y angustias; tantos consolados con prole deseada, tantos defendidos en la honra y fama y fortalecidos en gravísimas tribulaciones ; en suma: tantos y tantos fueron en toda clase de calamidades socorridos y alentados por el amabilísimo y poderosísimo Santo. A vista de esto, ¿quién no confiará en su patrocinio? ¿Quién, en sus tribulaciones, no acudirá a San José?

Punto 3° El culto especial de San José es útil a todo cristiano para alcanzar una buena muerte. Considera que es privilegio propio del Santo Patriarca el asistir a sus devotos en el terribilísimo trance de la muerte. ¡Oh, cuánto importa asegurarse para aquel punto de tan grande protector! Porque ¡oh, cuán temibles y terribles suelen ser las angustias que aun los buenos cristianos experimentan entonces! La memoria de las culpas pasadas, el temor de una penitencia imperfecta, los asaltos horribles del demonio, que hace los últimos esfuerzos para vencer; el horror natural de la muerte, el temor del cercano juicio de Dios, la incertidumbre de la próxima eternidad, ¡oh, cuánto oprimen de ordinario el corazón de los moribundos!

San José, que nada experimentó de todo esto por su incomparable santidad; San José, que tuvo una muerte la más dichosa asistido y consolado por Jesús y María, quiénes con rostro sereno, como canta la Iglesia, estaban a su lado y hacían fiesta, por decirlo así, de la partida de aquel espíritu escogido al seno de Dios; San José, pues, hace gustar a sus devotos una parte de aquella calma, de aquella serenidad y de aquel santo amor con que él expiró.

No es posible que el Santo Patriarca, que es tan benigno y tan agradecido, niegue su ayuda en el momento de la mayor necesidad a los que en vida le rindieron un culto especial y entretejieron sus obsequios con la continua súplica de que les fuese ayudador benévolo en el trance amargo de la muerte.

¡Oh dulce Santo mío! Desde ahora para entonces os invoco y os llamo en mi ayuda. ¡Ea! Cuando hallándome cercano al extremo de la vida, la memoria de mis pecados me apretare el corazón, y mi alma se turbare con el temor de los divinos juicios, y el demonio procure arrojarme a la desconfianza de la misericordia divina, entonces, sí, entonces ¡oh amado Santo! socorredme, ahuyentad de mí al enemigo infernal; confortad el espíritu abatido y alentadme con las dulzuras de las misericordias de Dios, con la esperanza de los méritos infinitos de la Sangre, Pasión y Muerte del divino Salvador.

Printed in Great Britain
by Amazon

28059102R00052